非暴力を実践するために

権力と闘う戦略

Gene Sharp
Taniguchi Maki
著 ジーン・シャープ
訳 谷口真紀

彩流社

How Nonviolent Struggle Works
by Gene Sharp
 Published by arrangement with
the Albert Einstein Institution
info@aeinstein.org
www.aeistein.org
PP.O. Box 170301 Boston, MA 02117 USA
関西学院大学研究叢書　第 241 編

目次◉『非暴力を実践するために――権力と闘う戦略』

第Ⅲ部　非暴力行動の作用

*凡例…訳者による注は〔　〕にて示した。

序文——市民・学生・活動家・職業人に向けて

ジーン・シャープ

この小さな書籍の大もとは、一九七三年に刊行した九〇二ページから成る著作 “*The Politics of Nonviolent Action*”[*1]〔非暴力行動の政治学〕である。そのエッセンスを凝縮した本書を、非暴力闘争を仕掛けるポイントを学ぼうとする人に捧げる。本書では闘争の局面で非暴力の手法がいかに効力を発揮するかの仕組みを解説する。手ごわい相手が闘争者に残忍な鎮圧を課そうと目論んだり、実際に鎮圧を課したりする事態に直面したときでも、非暴力の手法がいかに成果をあげるかを説明している。

この簡易版では非暴力行動の歴史上の事例はほぼ扱っていないに等しい。それについては他の著作[*2]で手軽に確認できる。

多岐にわたる分析を詳細に試みた一九七三年のオリジナル版を、この凝縮版はかなり忠実に引き継いでいる。完全バージョンの『非暴力行動の政治学』は、実用性という意味では目的にかなうものではなかったように思われる。むしろ、そちらは非暴力行動の手法を理解し、説明し、提示してきた私自身の長年の研究成果をまとめたものだ。

全体として、『非暴力行動の政治学』は政治権力についての理解・非暴力行動の手法・状況の変動の三つの項目を繋ぎ合わせた構造をとっている。三項目を通して、非暴力行動の技術の重要性を明らかにした。とはいえ、訂正や修正の余地はあり、その長編が完璧とは言い難いし、完全とも言い切れない。同著出版後もなお、非暴力行動の作用に関する学識は絶えず広がり、深まり続けているからである。

どの項目を加え、どの程度まで各項目の充実を図るかを思案し続け、『非暴力行動の政治学』の完成に至るまでに約一五年を要した。その年月とは別に、一年を超える期間、ハーバード大学国際情勢センターのマリア・フィンケルスタイン博士とともに編集作業にあたっていた。一九六五年一二月以降、私はトマス・C・シェリング教授からの招へいを受け、ノルウェーから同センターに移って研究員をしていたのだった。

ハーバードでの研究に先立つ時代の話をしておくと、私はノルウェーのオスロにある社会調査機関とオスロ大学、アラン・ブロック学長時代のオックスフォード大学セントキャサリン校でも研究にたずさわっていた。

『非暴力行動の政治学』の最終稿の編集作業を終える前の一九六八年、その草稿をオックスフォード大学に博士学位論文として提出したところ、論文は受理され、私は同大学の博士号を授与された。なお、私がオックスフォード大学で研究していた期間は一九六〇~六四年で、ジョン・プラムナッツ氏にご指導いただいた。

『非暴力行動の政治学』は『第一巻　権力と闘争』・『第二巻　非暴力行動の手法』・『第三巻　非暴力行動の作用』の全三巻で構成されている。

本書はその三巻分を大幅に要約したものである。最初に、メキシコ在住のハイメ・ゴンザレス・ベルナルがスペイン語で要約版 "La Lucha Política Noviolenta" を手がけた。ベルナル氏の要約作業はまる一年がかりだったそうだ。スペイン語での要約版は "*La Lucha Política Noviolenta: Criterios y Técnicas*" としてメキシコの出版社から刊行された。第一刷発行は一九八八年三月であった（© Gene Sharp 1988・© Jaime González Bernal 1988）。公正な選挙を要求する運動に取り組んでいたメキシコの団体がこの要約版を活用してくれた。

メキシコで出版されたものと内容は同一ながら、表題のみ "*La Lucha Política Noviolenta: Criterios y Métodos*" と変えて、スペイン語での別の要約版が一九八八年一〇月にチリのサンティアゴの出版社、エディション・チリアメリカＣＥＳＯＣから刊行された。同書の著作権はジーン・シャープ、ハイメ・ゴンザレス・ベルナル、エディション・チリアメリカに帰属する。

さらに、メキシコで出版されたものに加筆修正をほどこした書籍が、エペッサ社から一九九一年に刊行されるに至る（© Gene Sharp 1991・© Jaime González Bernal 1991）。

一九九三〜九四年にサンドラ・デニッセ・エレラ・フローレスはその加筆修正版のスペイン語の翻訳文章にさらなる修正を加えた。

その後、新たな増補改訂版をキューバのヘルマス・アル・レスカテ社から一九九七年に刊行することになった（© Gene Sharp 1997）。その際のもっとも重要な加筆点は、どのような要件が非暴力闘争で形勢変化を促すかについての箇所である。新たに形成変化を促す要件を三つから四つに追記し、非暴力闘争者が立ち向かう体制の「崩壊」についての解説を足した。（なお、本書でもこうした用語の定義を説明している。）

私は最新の増補改訂版のスペイン語を英語に翻訳して、英語の要約版を一九九六年に完成させた。そして、その一部を私の別の英文著作 *"The Power and Practice of Nonviolent Struggle"*〔非暴力闘争の力と実践〕に組み込んだ。ちなみに、『非暴力闘争の力と実践』はアラビア語・オランダ語・ヘブライ語・ポルトガル語・チベット語で翻訳出版されている。ただ、実はおおもとの英語版は未刊行のままである。

後に、私はベルナル氏が手がけたスペイン語版のフォーマットと文章にかなりの部分を依拠しつつ、非暴力で闘うことでもたらされる影響に関する数章を書き加え、また別の英文著作 *"Waging Nonviolen Struggle: 20th Century Practice and 21st Century Potential"*〔非暴力闘争の行使——二〇世紀の実践と二一世紀の可能性〕にまとめた。ただし、内容はスペイン語版のものとはかなり異なる仕上がりとなった。

こうした経緯を経て、主にベルナル氏のスペイン語の要約版を英語に訳し戻して誕生したのが本書である。原稿を吟味して編集する作業では、カリダッド・インダの甚大な力添えを得た。

一九八七年の草稿段階から二〇一三年のこの第一刷に至るまで、インダ氏は多大なる貢献を果たしてくれた。

追って、私は英語版とスペイン語版の双方の文章に新たに若干の加筆修正を行った。そうして、英語版のタイトルを *"How Nonviolent Struggle Works"*〔非暴力闘争を実践するために——権力と闘う戦略〕に変更した。

本書刊行にあたって、ジャミラ・ラキーブは編集上の助言をくれ、本書の価値と有用性を協議しながら出版作業をともに担ってくれた。ジェシカ・ドラウィーとマイケル・レヴィにも最終校正にたずさわってもらい、出版作業を手伝ってもらった。

英語版とスペイン語版の双方を読み返した後、私はあの長編の『非暴力行動の政治学』を要約したベルナル氏の質の高い仕事にあらためて感心した。その簡易版である本書には非暴力行動の手法の要点が集約されている。私がスペイン語だけでなく英語でも要約版を出さねばならないと考えたわけは、英語を使う読者にも本書を役立ててほしいと願っているからであり、ゆくゆくはこの英語バージョンがさらに多くの言語に翻訳されるのを望んでいるからだ。繰り返すように、本書は英語での簡易版刊行の第一号である。

英語版刊行にあたって、二〇一二年七〜八月にベルナル氏の消息をとらえようと試みたのだが、残念ながらうまくいかなかったことをここに申し添えておく。

多様な読者が本書を手にしてくれるだろう。一般市民・大学教員や学生・抗議活動家・社会活動家・警察官や軍人・政策担当者・宗教学者・ジャーナリスト・さまざまな政治見解を持つ人々など、多方面の読者を想定している。

この要約版は相当に読者の役に立つものに仕上がっているという自負がある。だが、いずれ読者の多くが完全版の『非暴力行動の政治学』にも目を通し、豊富な情報や詳細で幅広い歴史的事例にも触れてほしいと願っている。非暴力行動関連の私の他の著作も参考にしていただきたい。本書の巻末に一部のリストを掲載しているので、参照くだされば幸いである。

出版に至った経緯

ハイメ・ゴンザレス・ベルナル

『非暴力行動の政治学』はジーン・シャープが長年にわたって取り組んだ研究プロジェクトの成果である。シャープ氏は、一九五八年から一九六四年まで、ノルウェーのオスロ大学やイギリスのオックスフォード大学で研究活動を行った。その後、一九六五年から一九七三年までアメリカ合衆国のハーバード大学の国際情勢センターで研究活動を重ねた。同書は分かりやすくまとめられており、専門用語や歴史の記述も明確である。近年、「市民の力」を発揮して政治闘争という形で運動を起こそうとする多くの人々が、実践的な方法の手引きを必要としている。その基本的な枠組みを知るのにこれは恰好の書物である。

シャープ氏は『非暴力行動の政治学』の前書で、「妥協を許さない軋轢がある。それは闘争によってしか解決できない」と述べている。

シャープ氏の言葉を借りつつ続けると、「人々の社会、独立、自尊、未来を自決する才能といった基本理念を何らかの形で揺るがすような軋轢」を解決するには、「通例の組織的な手続きはほぼ通用しない」。

従来、そうした軋轢の局面で採りうる選択肢は二つしかないと信じられてきた。暴力に屈服してしまうか、暴力で立ち向かうかの二択である。しかし、第三の選択肢がある。それが非暴力行動によって闘争を仕掛けることである。

再びシャープ氏の言葉によって示せば、非暴力行動を起こして政治闘争を仕掛けるにあたっての基本的な考えと根拠は、次のような信念に集約される。「支配される側の人々の合意があってはじめて権力は発動する。そうであるなら、人々がその合意を取り下げれば、支配する側である相手の権力を制御し、崩壊させることも可能である」。

シャープ氏の定義によると、「非暴力行動とは暴力を使わないという手段によって力を行使することである。相手の権力を押さえこみ、その権力と闘い、その権力を打ち砕くための手法なのである」。

「『非暴力行動の政治学』は非暴力闘争の性質とは何かを探究した重要な著作である」とシャープ氏も自負している。この完全版には『権力と闘争』・『非暴力行動の手法』・『非暴力行動の作用』の三巻が英文で収録されている。

第一巻の『権力と闘争』は、政治権力の性質の分析に始まる。シャープ氏も説明しているとおり、多くの場合、「権力は暴力の形で振りかざされ、それより大きな暴力をもってしなければその権力を制御できない」と思われている。だが実際は、シャープ氏が言い当てているように、「権力を生じさせるもとは社会にあり、その社会を構成する人々が権力者に協力するのをやめれば、人々はその権力の源泉を制限したり切断したりすることができる」。

さらにシャープ氏の説明を参照しよう。「実は、政府の政治権力はかなり脆いものである。独裁政権は人々の協力があってこそ存続できる。人々がそこから手を引いたなら、独裁政権の権力でさえ切り崩すことができる」。

こうした見解を土台に、非暴力行動に立ちあがり政治闘争を仕掛けることをシャープ氏は提唱している。彼はこの第一巻で「非暴力闘争の基本的特徴を解説し、非暴力闘争にまつわる誤解を正し、非暴力闘争の膨大な歴史をもとにその特性を明らかにする。非暴力闘争の歴史とは、平和主義者や聖人ではなく一般市民がさまざまな目標を掲げて不完全ながらも闘った歩みにほかならない」。

その歴史を振り返って、シャープ氏は次のように記している。「非暴力行動に立ち上がることで、人々は賃金を上げ、社会の壁を壊し、政府の政策を変え、侵略者を挫《くじ》き、帝国を麻痺させ、独裁体制を解体してきた」。

第二巻の『非暴力行動の手法』は、シャープ氏によると、「非暴力行動の手段として、一九八通りの特殊な方法を入念に吟味してまとめたものである」。非暴力行動の一九八の戦術は大きく三つに分類できる。抗議・説得をすること、社会的・経済的・政治的に協力を拒むこと、事態に介入することの三つである。

第三巻の『非暴力行動の作用』は、シャープ氏の紹介のとおり、「闘争者が相手の暴力や鎮圧に立ち向かうとき、非暴力行動の手法がいかにさまざまな要素と絡み合いながら効力を発揮するかを確認する」書巻である。

当巻では非暴力闘争が起こる前触れとなるような社会構造や、非暴力闘争の参加者に求められる基本的な条件が明らかにされている。そこで、シャープ氏は「非暴力での挑戦を受けた相手が闘争者に最初に示す反応」に注目する。

シャープ氏が言うように、その最初の反応の一環で参加者が「相手からの鎮圧を被る可能性はある」。しかし、鎮圧に打ち勝つために、闘争者は力強く、しかし非暴力を貫いて、抵抗し続ける努力が必要である。シャープ氏の理論にのっとれば、「非暴力闘争者は相手が自分たちに課してくる鎮圧の力を『政治権力の柔術』によって相手側に向け返すことができる。」このような柔術の技のような跳ね返しの原理によって、闘争参加者が相手の権力の源泉を削ぎ落とす、またはその源泉にダメージを与えて自分たちの抵抗力の基盤を強化することで、相手の権力は弱体化する。

非暴力闘争の勝利に関して、シャープ氏は次のように説いている。「非暴力闘争者が勝利につながる状態に持ち込むことのできる局面は四つある。第一は（かなりまれではあるが）相手が闘争者側に立場を転換する状況である。第二は闘う両者が和解に至る状況である。第三は闘争者が暴力を使うことなく相手の行動を強制する状況である。第四は相手方の体制が解体する状況である。いずれの局面にあたっても、大勢の人々が相手側への協力を拒めば、いくら抑圧的な体制であっても機能不全に陥り、体制崩壊に向かう道が開けるのだ」。

非暴力行動を行使する抵抗集団の側も、闘争過程でさまざまな変化を経験する。シャープ氏の見立てでは、抵抗者の「自尊心・自信・行動力・力量はどれも高まる傾向にある」。

社会の変化についても、シャープ氏は次のように付け加える。「非暴力闘争集団の勢いが増し、非政府の組織が強化され、強圧的なエリートを失脚させる社会機能が高まり、非暴力闘争を仕掛ける市民の技量が向上すれば、社会のあらゆる面に長期的変化がもたらされる。そうした中で、一極に集中していた権力は分散し、権力の再分配が実現していく」。

このように、『非暴力行動の政治学』は、暴力に代わる方法で専制政治・侵略・不正義・抑圧に立ち向かう手立てを模索する研究である。どう見ても、単に道徳的な見地から暴力を否定したり、敵を糾弾したり、愛や平和を奨励したりするだけでは、戦争をはじめとした政治目的で振るわれる政治的暴力をなくす効果はほとんどない。非暴力での制裁や闘争といった穏やかながらも有効な手段こそが、暴力に代わる確かな選択肢である。そうした選択肢を採ることによってのみ、自由・正義・人間の尊厳を守りながら、政治的な暴力を制御していけるだろう。

ただし、この第三の道である非暴力の選択肢を信じ、それを広めていくだけでは、望むような変革を起こせる保証はないと思われる。変革をもたらすためにまず肝心なのは、非暴力という選択肢には少なくとも暴力と同じだけの威力があるという認識を人々が共有することだろう。合理的に非暴力闘争を闘うには、意義を説いたり宣言を行ったりするだけでは不十分である。非暴力で仕掛ける政治闘争の性質・可能性・要件について、入念に、客観的に研究する必要がある。

シャープ氏は『非暴力行動の政治学』では焦点を絞って、シンプルに非暴力行動の手法だけを分析している。彼は非暴力行動の手法を倫理学との関連から検証してはいない。広く出回っている心理的な信条や宗教的な信条と結びつけて非暴力行動の手法を検討するようなこともしていない。非暴力行動の手法が政治にどのような影響を及ぼすか、社会変革や国家防衛にどのような効果を発揮するかについても、議論の対象外としている。

ハーバード大学のトマス・C・シェリング教授は『非暴力行動の政治学』に寄せた前書きで次のように言い表した。「人々は暴力に大いに関心を寄せる。しかし、目的を定めた暴力、つまり政治的影響を狙った暴力が議論されることはほとんどない」。ここでシェリング教授が強調するのは、政治的暴力を考えるにしても、同書でシャープ氏が政治的な非暴力を考察しているような緻密さで議論する人はあまりいないという点である。実に、シェリング教授が示すとおり、「政治的な目的の達成およびその達成のために払わなければならない犠牲」という観点から、暴力行動と非暴力行動を比較することが求められる。[*3]

シェリング教授は続けて、よく例えられるが、暴力行動と非暴力行動の差はそれぞれ「ダイナマイトと祈りの差ではない」と言う。多くの場合、政治的な暴力行動は政治的な非暴力行動と同様に、人に何かをさせる、人に何かをさせない、人に何かをさせる、人に何かをさせない、人に何かを止めさせるといったことが目的である。シェリング教授は「政治的な暴力行動の目的は人の行いに影響を及ぼすことだ」と述べている。

暴力行動が人の振る舞いにどのような影響を与えるかを、シェリング教授は次のように指摘する。「多数・少数、支持者・指導者、市民・役人を問わず、基本的に人は暴力行動によって脅迫される。必ずしも暴力そのものが直に人々を動かしたり、働かせたり、関与させたりするとは限らない。暴力が機能しうるのは、人々が動かない、働かない、関与しないといったときに、そうした人々を脅して痛めつける場合だけである」。

この点に関して、シェリング教授の補足によると、「暴力行動と非暴力行動の手法は異なる。暴力行動は人々の行いをやりがいのないものにしようと働きかける手法であり、非暴力行動は人々の行いを信頼できるもの、やりがいのあるものにしようと働きかける手法である。どちらにも悪用、乱用、誤用の余地がある。どちらも悪意にあふれた目的、見当違いの目的で使われる余地がある」。

ただ、シェリング教授が示唆するとおり、暴力行動と非暴力行動のどちらについても言える共通項は、「規律を守り命令系統を明確にして制御力を保つこと、敵をよく知ること、武器・標的・状況・タイミングを慎重に見計らうこと、何より、かっとなってあるいはやみくもになって衝動的に暴力に頼るのを避けることが成功の秘訣だという点である」。

（ハイメ・ゴンザレス・ベルナル＝シャープ著作のスペイン語翻訳者）

日本語版の出版に寄せて

ジャミラ・ラキーブ

世界中のさまざまな紛争の現場で明らかになってきたことがある。それは非暴力抵抗という威力ある手段をとれば人々は強大なパワーを行使できるということだ。特に、二〇一一年の中東での民主化運動「アラブの春」の余波で、非暴力抵抗に対する認知度が高まってきている。非暴力抵抗の功績を知らしめてきた運動は他にもある。アメリカ合衆国で広がった政財界への抵抗運動「ウォール街を占拠せよ」〔二〇一一年九月に経済の格差是正を求めてアメリカ合衆国ニューヨークのウォール街で市民が起こした一連の抗議デモ〕や人種差別撤廃運動「ブラック・ライヴズ・マター」〔二〇一二年二月にアフリカ系アメリカ人に対して警察官が残虐行為をはたらいた事件をきっかけに、アメリカ合衆国をはじめ世界各地で市民が繰り広げた一連の人種差別抗議デモ〕、欧州で巻き起こった反緊縮財政運動「アンチ緊縮運動」〔二〇〇八年のリーマンショック後に欧州連合ＥＵが政府支出を削る緊縮財政を押し進めたことに対して、その後ＥＵ各地で市民が拡大させた一連の反対デモ」、香港で始まった反政府運動「雨傘革命」〔二〇一四年九月に香港で市民が始めた一連の民主化要求デモ〕などはその最たる例だ。この他にも、環境の保全や政治の不正・腐敗を訴えるために、日本を含めた世界の諸地域の人々がさまざまな運動に立ち上がってきた。

資金や知識をふんだんに駆使できれば、非暴力闘争で成果をあげることができるだろう。しかし、資金や知識に恵まれない状況のもとであっても、政治を変えるため勇敢に、忍耐強く闘争を行っている人々が世界中にいる。実に、想像力・勇気・不屈の精神という鎧だけを身にまとって闘い、重要かつ予想外の勝利を挙げた人々がいるのだ。

私がこの文章を書いている二〇一八年現在までに、人々は多岐に渡る目的を掲げて、各国で多様な運動を展開し、社会や政治に重大な変革をもたらしてきた。アルメニアの人々は大規模な抗議を行って、汚職の罪に問われた大統領を辞任に追いやった。スリランカのタミル族の女性は自分たちの故郷の島、イラナイシーヴ島の返還を団結して呼び掛けて、海軍占拠によって島から追放されて以来二六年ぶりに、ようやく故郷の島を軍から奪還した。パキスタンの何万もの人々は、国内の少数民族集団の政治的・社会的・経済的な権利を剥奪する国の政策撤廃を要求し、若者も巻き込みながら運動を繰り広げている。アメリカの人々はマーティン・ルーサー・キング・ジュニアが一九六八年に率いた運動「貧しい人々のキャンペーン」を復活させ、抑圧されてきたアフリカ系アメリカ人の人々が直面する問題の根本原因である軍事力至上・貧困・人種差別を是正しようとしている。こうした事例は枚挙にいとまがない。

自由と正義が脅かされる状況に遭遇しても、悲しい未来を遮断するために行動を起こす力が市民に備わっていることを思い起こせば、無力感に支配される必要はないという新たな認識が世界で広まりつつある。そのような人々の姿を目の当たりにすると励まされる思いがする。とりわけ励みになるのは、独裁政権や民主政権、あるいはその中間にあたる政権など、さまざまな政治体制のもとで暮らす人々が非暴力闘争に関する書物や手法の存在にますます関心を寄せているのを眼前にするときである。そうした書物や手法がより身近なものになれば、非暴力闘争そのものや闘争で効力を発揮する要件について、今以上に理解を深めることができる。ジーン・シャープが本書『非暴力闘争を実践するために――権力と闘う戦略』とそのもとになっている長編の『非暴力行動の政治学』を執筆したのも、人々が必要な知識と見識を身につけて危機に対応する手腕を強化できるようにと願ってのことであった。非暴力行動についての知見が社会にもたらす影響力は計り知れない。

最後に、この重要な仕事を手がけてくださった谷口氏に感謝の意を表する。

二〇一八年八月、アメリカ合衆国ボストンにて

（ジャミラ・ラキーブ＝アルベルト・アインシュタイン研究所所長）

第Ⅰ部

権力と闘争

第一章　政治権力の性質とその制御

政治権力の性質を知れば、政治闘争を効果的に行う方法を理解しやすくなるだろう。

権力の核心

まずは、権力について以下の五つのポイントを押さえておこう。

一　あらゆる社会的・政治的関係には、権力がつきものだ。
二　権力を制御することは、政治理論・実践の基本的なテーマである。
三　脅迫的な勢力がもつ権力をコントロールするためには、権力で対峙しなければならない。
四　他者の行いを直接的にも間接的にも押さえこもうとするとき、または何人かで行動してみなで目的を達成しようとするとき、人は自分たちとは別の集団に対して何らかの影響力や圧力を及ぼす。そうした影響力や圧力をひっくるめたものが社会権力である。
五　社会権力を政治的な目的で使うと、それは政治権力になる。実際に政治権力を用いるのは、政府機関、あるいは、政府機関に異議を唱える人々や逆に政府機関に支持を表明する人々である。つまり、政治権力とは権力保持者の思いを実現したり妨害したりするための権威・影響力・圧力・強制力を合わせたものを言う。

政治権力の基本的特徴

権力の性質をめぐっては、大きく分けて二つの見方があるようだ。

ひとつは、権力は一枚岩だという見方である。政治体制あるいは政治以外の組織体制のもとで、権力を握る者が、その他大勢の人々にどのような態度でのぞむかでその人たちの置かれる状況は変わってくるのであり、権力者が人々を好意的に扱い、尊重し、援助すれば人々は権力者への支持を表明するという考え方である。そうした体制では、命令系統の頂点に立つごく限られた者が権力を振りかざしている。その中で、権力者は権力を際限なく維持する。容易に、早急に権力を制御されることはないし、権力の切り崩しにあうこともない。

もうひとつは、権力は社会とかかわりがあるという見方である。政治体制あるいは政治以外の組織体制のもとで、その他大勢の人々が、権力を握る者にどのように対応するかで、権力者の置かれる状況は変わってくるのであり、人々が権力者を好意的に受け止め、尊敬し、応援すれば権力者は人々の支持を得られるという考え方である。この場合、社会を構成するさまざまな部門で人々が絶えず権力を発揮している。権力者の政治権力の強度や動向は、その権力者が多くの組織や個人からの協力をとりつけられるか否かでつねに変わってくる。その意味では、権力者の政治権力は脆《もろ》い状態にある。組織や個人が継続的に権力者に協力する場合もあれば、協力しない場合もあるだろう。したがって、組織や個人からの協力という権力の源泉を封じれば、権力者の政治権力をもっとも効率よく押さえこむことができる。

社会に潜在する政治権力の発生源

本書では、社会や国家をはじめとする統治機関の命令系統の最高位を占める人や集団、または政権を「支配者」と呼ぶ。

支配者にはあらかじめ権力が備わっているわけではない。権力は支配者の内側からではなく外側から発生するはずだ。支配者の権力は定まったものではない。社会が支配者に権力をどの程度認めるかで、支配者がどの程度権力を握ることができるかが決まる。政治権力の源泉は突き止められるのだ。

・政治権力の源泉

では、何が政治権力の源泉になるかを確認しよう。

一　権威

ジャック・マリタン〔フランスの哲学者。一八八二〜一九七三〕の定義によると、権威とは「他者に言い聞かせたり、他者を従わせたりするために、命令し指図する威力ある立場」を言う。人は自分の意志で誰かの権威を受け入れるので、人が進んでそうする場合は、無理強いしなくても、その誰かは権威を保てる。特定の人間や集団が優れていると見なされ、承認されれば、そこには十分に権威が生じるのだ。権威は権力とイコールではないが、まぎれもなく権力の主要な源である。

二　人的資源

支配者に従ったり、協力したり、特別な支援を与えたりする人の数は、支配者の権力に影響を及ぼす。同様に、その数が人口に占める割合や、そうした人が所属する組織の範囲や形態も支配者の権力に影響を与える。

三　技能と知識

支配者の技能・知識・力量も支配者の権力を決定づける。さらに、支配者がどの程度まで自分の思うようにその技能・知識・力量を発揮できるかも、支配者の権力の決め手となる。

四　無形の要素

人々の心理やイデオロギーが無形の要素にあたる。たとえば、追従や服従をめぐる習慣や態度、共通の信条や主義、使命感の有無などである。

五　物的資源

所有物、自然資源、財源、経済システム、コミュニケーション、交通機関などを支配者がどこまで管理できているかが、支配者の権力の範囲を左右する。

六　制裁

ジョン・オースティン〔イギリスの哲学者。一七九〇〜一八五九〕は制裁を「追従を強要すること」と定義する。制裁や処罰の形態や程度は支配者のさじ加減で決まる。支配者は自分が支配下に置いている人たちや自分のライバルに制裁を課す。人々が進んで自分の権威を認めるように、命令に従うように仕向けるためである。暴力的な制裁も、そうでない制裁もあるだろう。懲罰のための制裁も、抑止のための制裁もあるだろう。一般に、権力者が国内で投獄や処刑のような暴力的な制裁を課すのには、命令に従わない者を罰するねらいがある。そもそもの命令を果たさせることが制裁の目的ではない。

通常は、支配者がこうした権力の源泉をどこまで握っているか、どの程度コントロールしているかが重要である。支配者が権力の源泉を我が物にできる条件は絶えず変化にさらされる。そうした中で、支配者がすべてをことごとく手中にできるケースはごく稀だが、すべてを手に入れ損なうケースもある。

・権力の源泉となる人々の追従

支配者の権力の源泉の底流をなすのは、人々の追従と協力である。試みに、この点から前述の権威について考えてみよう。

権威をまとうからこそ、いかなる政権も存続が可能で、活動できる。支配者なら誰しも人々に権威を承認させようとする。権威とは人々を支配し、統率し、従わせる威力である。支配者が人々に追従を習慣づけようとするなら、そのための鍵は人々の心に働きかけることにある。強制ではなく忠誠心にもとづいて支配者に追従するところまできたら、やがて人々はその支配者に習慣的に追従するようになるだろう。つまり、どうみても人は自らの意志で支配者の権威を認めるものなのだ。

権威と人々の追従の関係について考えるうえで、重要なことは何か。

支配者の権威が弱まったり崩れたりすれば、人々は支配者に追従しなくなっていく。ということは、人は誰かに従うか従わないかの選択を意識的に行っていることになる。だとすれば、人が自ら追従するのをやめる場合もあるということだ。このように、支配者が権威を喪失してしまうと、事態は支配者の権力を揺るがす方向に動き出す。人々が支配者の権威を否定すればするほど、その支配者の権力は弱まっていく。

二 どのような支配者も、人々の協力と支持に頼らなければならない。支配者の統率が広範囲で綿密に及んでいればいるほど、その支配者は個人・団体・組織・小集団からさらに潤沢な支援をとりつけることができるだろう。一方、そうしたさまざまな「支援者」は、支配者の権威を拒否した途端に、支配者から圧力をかけられて思うように行動できなくなるかもしれない。だが、これは言いかえれば、人々が支配者をサポートし続けるのを以後きっぱりとやめるチャンスにもなりうるということだ。そうなれば、支配者の全権力は傾いていく。そこで支配者が人々に制裁を加えたとしても、その支配者がせいぜい獲得できるのは、人々の仕方のない見せかけの追従だけである。人々が支配者の権威を限定的にしか承認していない状況では、支配者が人々に制裁を行っても効果をあげないだろう。支配体制を機能させるためには、支配者は人々に依存するほかない。

したがって、支配者は直属の支援者や民衆からの協力や支援に振り回される。その影響や制約に左右されるのである。支配者の強制力がもっとも威力を発揮するのは、人々が支配者にもっとも従順な場合であろう。

三 制裁と服従の間には、二つの特別な関係が成り立っている。まず、大前提として、少なくとも支配者に追従し協力する人々がいるから、支配者はその人たちに制裁を課して手腕を振るうことができる。次に、支配者の制裁が効果的かどうかは、制裁をだしに脅されたり、実際に制裁を加えられたりする人々がどう反応するかで決まる。そこで重要になるのは、どこまでなら人々は脅しがなくても支配者に従うのか、どこまでなら人々は処罰をものともせずに支配者に不服従を貫けるかという点である。

不服従の者を探し出して処罰する支配者の腕力は、人々が従来どのような形でその支配者に追従してきたかで変わってくる。日頃から人々が支配者に従順だと、支配者は自分に従わない者を見つけてはやたらと罰するだろう。反対に、日頃から人々が支配者に従順でなければ、支配者は自分に従わない者を罰したところでその手ごたえをさほど感じられないだろう。

こうしてみると、支配者が絶えず権力を手中に収めることができるのは、すべて人々が絶えず支配者を支援するおかげである。個人・役人・従業員などに限らず、支配体制全体を支える付属組織や機関もそうした支援を提供している。たとえば、部署・部局・支社・委員会などの支援組織や機関がそうだ。ただ、裏を返せば、こうした組織や機関は支配者への協力を拒める。自らの立場をうまく堅持し、政策を実現させるのを後押しするのに不可欠な支持を支配者がとりつけようとしてきても、個人や個別の団体と同様に、支配者への協力を退けることができるのだ。まさに、チェスター・I・バーナード〔アメリカの経営学者。一八八六〜一九六一〕が言うとおり、「(一組織あるいは一個人といった)体制の構成員の一部が上部からの命令遂行を妨げようとするなら、体制内でその命令は機能しなくなる」。

よって、ある政権内部の安定具合を測ろうと思えば、その政権がどれだけ市民や組織を統率できているか、統率できていないかのバランスを見ればよいだろう。

人々の追従によって成り立つ政治権力

支配者が人々に命令することと人々が支配者に追従することは、絶えず相互に影響を及ぼしあい、あるところまでは相互に作用する関係にある。つまり、片方がもう片方を左右する。ということは、支配者が制裁をほのめかして人々を脅したり、実際に人々に制裁を加えたりという暴挙にでたところで、その人たちが（消極的な黙認あるいは積極的な合意の形で）支配者の言いなりにならないのであれば、両者は完全な権力関係にあるとは言えない。

組織間やさまざまな複合組織の部署間でも同じような相互作用が生じる。というのも、上位機構というのは従属する下位機構の構成員や組織の助けなしには、命令や業務を遂行できないからである。国家内であっても、やはり同じような相互関係が成立する。国民は自動的に上からの指示や命令に従うわけではない。

支配者がどれだけ権力を行使し、目的を達成させることができるかは、人々がどれだけ支配者に追従し協力するかにかかっている。支配者・民衆・政治状況の三つが互いに影響を及ぼしあう中で追従や協力の関係が生まれるのだ。政権の権力の大きさは、人々を追従させ、その人々の追従を我が物にしてつけこむ政権の腕力の大きさに比例する。

人々が追従する理由

支配者の権力を決定づける要因は何だろうか。心理的な観点からその要因を分析するときにポイントとなるのは、人々は何をきっかけに支配者に追従するか、支配者に追従する人々の習慣はどのように形成されるか、人々はなぜ支配者への追従状態を続けるのかを理解することである。

・多岐にわたる追従理由

なぜ人々は支配者に従うのかという問いに対する唯一絶対の答えはない。その理由は多様で、複雑で、絡み合っている。そのうちの七つを以下でとりあげてみよう。

一　習慣
二　制裁の恐怖
三　道徳的義務
四　私欲
五　自分と支配者との心理的同一視
六　無関心
七　自信の欠如

・支配者に追従する役人や職員

どのような支配者も、社会の構成員の一部の人々からの追従や協力を得て、社会全体を支配している。そうした一部の人々が支配者に追従したり協力したりする動機は、前記の動機に似かよっている。そのうち、役人や職員の動機に関しては、道徳的義務を感じたり、私欲に目がくらんだりすることがあるという側面が顕著である点を強調しておきたい。

・退けることができる追従

人々が支配者にどの程度追従するかは、関係者・社会・政治状況によって変わる。ほとんどの人は支配者に従うのが習慣になっている。とはいえ、どのような状況にあろうとも、特定の社会で命令を守るよう人々を仕向けようとするなら、支配者はある一定限度の線を越えないように采配を振るわなければならない。さもなければ、人々は言われるままに支配者に屈服し続けたり、もはや許容できない政策を掲げる支配者に従い続けるのを放棄するかもしれない。支配者に追従するよりは、たとえ困難でも自分たちの生活の不便や苦悩や混乱を耐え忍ぶほうを選ぶかもしれない。

なお、支配者が多くの人々からの追従を得るのに長きにわたって慣れすぎている場合、支配者は自分への不服従が広まっていることに気づいていないことがある。

合意の結果

制裁を恐れての追従も含め、人々が支配者に追従する理由はどのようなものであっても、本人の意向や選択がベースになっているはずだ。自らの意志で支配者に従っている人たちは、自分は十分な根拠にもとづいて追従することを選んでいると思っているにちがいない。もちろん、新たな影響・出来事・情勢によって、人々の意向や選択が変わることはあるだろう。それでも、人々が支配者に追従するときには、程度は違えども、個人の意志が大きく働いているであろう。

おもに二つの動機にもとづいて、人々は支配者に追従する。そうした追従があってはじめて、支配者は政治権力を握るための究極の頼みの綱である従順な集団を獲得できる。ひとつは支配者から制裁を課される（あるいは合意を脅迫される）のに恐怖をおぼえてのことであり、もうひとつは（利点を考慮したうえで）支配者のやり方を自発的に承諾しそれに合意してのことである。いずれにしても、追従は人々の意志に裏付けられている行為だ。一方を「合意にもとづく追従」、もう一方を「撤回可能な合意」と呼ぶことができる。

・合意にもとづく追従

人は自動的に支配者に従うのではない。均一的・普遍的・永続的に支配者の言いなりになるのでもない。制裁は人に服従や追従を迫る強大な圧力であるが、制裁を加えれば必ず人が従順になるとは限らない。

支配者に従う場合と従わない場合のそれぞれの結果を考慮したうえで、人は支配者に従うか従わないかを選択するだろう。不服従を選択したあかつきに自分が被る不利益よりも、服従を選択したあかつきに自分が被る不利益のほうが大きいと人々が判断すれば、その人たちが不服従の選択肢を採る公算は高くなる。

ちなみに、ある人が誰かに追従したと言えるのは、その人がその誰かの命令に従ったときだけである。私が刑務所まで歩いて向かったなら、私は命令に追従したということになる。他方、私が無理やり引っ張られて刑務所に連れて行かれたなら、私は命令に追従しなかったことになる。

そのように、もっぱら誰かの身体を物理的に強制して影響を及せば、その人を従わせるうえで一定の効果をあげるかもしれない。しかし、人を身体的に強制すれば必ずその人の追従を引き出せるわけではない。たとえば、不服従を貫く人々に対して、移動を強いたり、移動を禁じたり、または金銭や不動産を押収したりして、物理的に強制してみても、ある種の目的が達成されるだけである。こうした強制によって人々が追従に傾く保証はない。理由はともあれ、人々が進んでやりたいと思うように仕向けなければ、支配者は命令や目的をほとんど果たすことはできない（わかりやすく例えるとこうだ。支配者が人々に水路を掘るよう命令したが、人々はその命令を拒絶した。そこで支配者は人々を射殺した。しかし、そうなると水路掘りは手つかずのままとなる）。つまり、制裁そのものではなく、制裁の恐怖こそが人々を追従に向かわせるのだ。

通常は、支配者に従わないことで課される罰を進んで受けようという人はごく稀である。だが、人々が自らの内にとても激しい感情をみなぎらせているようなかなり特殊なケースではその限りではない。そうしたかなり特殊な場合、人は制裁を受けてでも不服従を貫くことがある。

要するに、さまざまな権力の源泉を手中に置くことができるかどうかが支配者の権力を決める。人々が支配者にどれだけ追従し協力するかで、支配者がその源泉をどこまで自分のものにできるかが決まるのだ。とはいえ、支配者が人々をその気にさせたり、人々に圧力をかけたり、制裁まで課したとしても、その人たちの追従や協力を確実に掌中にできるわけではない。本来、人は自らの意志で支配者に追従するのだ。つまるところ、どの政治体制も人の合意があってはじめて成立する。

人の合意のもとに政治体制が成り立つといっても、民衆はどのような支配者が保つ既成秩序もよしとするわけではない。もちろん、その中には積極的に既成秩序に賛同して合意を示す者はいる。だが同時に、合意を拒んだ場合に払わなければならない犠牲を避けて、仕方なく既成秩序に合意を示している者もいるだろう。人々が合意を拒むことで生じるリスクを冒すには、自信や抵抗する動機に支えられていることが重要となる。ひとたび合意を拒めば、人々はそれによって多大なる不都合や苦悩を背負わされることになるだろう。

大体において、政治体制がどの程度自由なのか、あるいは専制なのかは、自立していようとする人々の決意の有無や、隷属化の扱いに抵抗しようとする人々の決意の強さから相対的に判断できる。

したがって、以下に示すのは、どこまで支配者の権力をコントロールできるか、できないかを決定するもっとも重大な三要因である。

一　支配者の権力を抑制したいという人々の願望の程度
二　人々がたずさわる独立組織や機関の勢力の程度
三　支配者への合意や支援を保留できる人々の技量の程度

自由は支配者から「与えてもらう」ものではない。社会と政治体制の狭間で揉まれながら、人々が自ら獲得するものである。

・撤回可能な合意

人々が支配者に追従する動機はつねに変わる。支配者の威力の大きさも絶えず変動するだろう。また、人々が支配者に追従する別の事情が発生することも、消滅することもあるかもしれない。このように、追従関係をとりまく状況は変化する。支配者は人々が自分に追従しなくなってくると、その欠如部分を埋めようと躍起になって、人々に一段と厳しい制裁を加えたり、報酬を増やしたりする。そうした中で人々が自分の考えを変え、支配者に奉仕・協力・服従・追従するのをやめようという気を起こす可能性はある。
ガンディーは人々が意志や態度を変えることを重要視し、それこそが支配者に追従し協力するパターンを変えていく出発点だと強調した。彼は以下の三点を呼びかける。

一　言われるままに服従する態度を捨て、自尊心や勇気を手に入れ、心のありようを変えること

二　自分たちが支配者を支援しているからその政権が存続しているという自覚を持つこと

三　支配者への協力と追従を拒む決意を固めること

支配者への協力と追従を撤回しようというガンディーの訴えは、何も一般の人々だけに向けられているのではない。支配者のお抱えとなって鎮圧を執行する者や、支配者に事務官として仕える者にも向けられている。そのように支配者に近い人たちの態度はとりわけ重大である。ひとたび側近からの支持を失ってしまうと、支配者の抑圧的な体制は崩壊に向かうからだ。人々が意図的にそうした変化を引き起こせるということを、ガンディーは確信していたのだった。

ここまでで明らかになったのは、支配者から鎮圧を受けても、その支配者への協力と追従を断ち切って抵抗し不服従を貫く方法を学ぶことが、無制御状態の政治権力の問題を解決する鍵

だということである。

抵抗運動の基本的な構造

人々が支配者への合意を撤回すれば、支配者の政治権力に大きなダメージを与える。支配者に従わない人々の数や、支配者がその人たちに依存している程度に応じて、支配者の思惑を打ち砕いていけるだろう。

ここで、核となるテーマとして浮上するのは、いかにして、そのような原理を実行に移し、実際に支配者の政治権力を揺るがす勢力を生み出していくかということである。人々は支配者への協力や追従をきっぱりと拒まなければならない。さらに大事なのは、最大限の効果をもたらすためには、大規模な行動によって人々は支配者への非協力と不服従を示さなければならないという点である。時として、個人の行動にはほとんど注目が集まらないことがある。そこで、教会・労働組合・企業・役所・地域・村・町・地方をはじめとする組織や機関で行動することがきわめて重要になるかもしれない。

こうした非政府の組織や機関のあり方は、民衆が自分たちの権力を効果的に行使し、支配者の権力を制御する才腕を発揮するのに多大な影響を及ぼすだろう。なぜなら、権力はそうした「場」を通して働くからである。社会の中でそうした「場」が支配者の権力を制御する構造的な基盤になるからである。自立した団体が活発に活動している社会では、支配者の権力をコントロールできる可能性が潜在的に高いだろう。反対に、自立した団体の活動が脆弱な社会では、支配者の権力をコントロールできる可能性は潜在的に低いだろう。自立的な団体のもとに集結してこそ、人々は一丸となって支配者への非協力と不服従を貫くことができるのだ。

第二章　非暴力行動という積極的な闘争術

大前提

政治との関わりで言うと、非暴力行動には非常に明確な大前提がある。それは、人はいつも誰かから言われた通りに行動するわけではなく、禁じられているような行動をとる場合もあるということだ。市民は受け入れられないような法律には背くだろう。労働者は労働を停止し、それが経済を麻痺させるだろう。官僚は指示されたことを遂行するのを拒むだろう。兵士や警官は鎮圧を課す手を緩めるだろうし、命令に逆らいさえするだろう。こうしたことがすべて同時に起こった場合、それまで「支配者」だった人はもはやただの人に成り下がる。こうした権力の解体はさまざまな社会的・政治的闘争の局面で起こりうる。

抵抗者が相手への協力を拒み、支援を保留し、不服従と挑戦の姿勢を貫くということは、あらゆる政治体制あるいは政治以外の組織体制が根本的に必要としている人的協力や人的支援を断つことを意味する。十分な規模で、長期間にわたって、人々がそうした行動を続ければ、やがてそのような体制は権力を手放さなければならない事態になるだろう。政略の面から見れば、このような仕組みが非暴力行動の基本的な条件である。

非暴力闘争を仕掛ける方法

非暴力行動とは、抗議・非協力・介入に分類される数々の特定の手法を網羅する総称である。どのような手法であっても、非暴力行動というのは、抵抗者が何かを行うこと、あるいは何かを行うのを拒否することによって、物理的な暴力を使わずして相手と闘うことを言う。ゆえに、非暴力行動は消極的な方法ではない。何もしないことではない。非暴力という手立てにもとづいて行動を起こすことなのである。

争点や闘争の規模がどうであれ、非暴力行動はあくまで手段である。闘争が不可欠だと考えるに至り、受動的な態度を手放し、服従するのをやめれば、人々は暴力に訴えずとも非暴力の手法を駆使して闘うことができる。非暴力行動は争いを避けて通ろうとしたり、無視しようとしたりすることではない。それは政争でいかに効果的に行動するか、さらに言えば、いかに効果的に力を行使するかという問いに対するひとつの画期的な解である。

ある種の暴力行動の代わりに、人が非暴力行動を選択する動機はさまざまである。多くの場合、実際の効果を見越して、人々は暴力を差し控えるだろう。まれに、宗教的、倫理的、または道徳的な理由で暴力を差し控えるケースもあるし、複数の動機が絡み合うこともあるだろう。

二〇世紀・二一世紀の世界では、非暴力行動が政治に与えるインパクトがこれまでになく重大なものになってきている。非暴力行動に立ち上がった人々は大きな成果を積み重ねてきた。賃金を上げたり、労働条件の改善を勝ち取ったりした。旧来の伝統や慣習を廃止した。政府の政策を変更したり、法律を撤廃したり、新たな法を制定したり、政府の改革を達成したりした。侵略を失敗に終わらせ、軍の敗北を見届けた。帝国を麻痺させ、国家の領土の奪い合いを阻止し、独裁政治を崩壊させることに成功した。ナチスや共産党政権に対峙し威力を示した。政治改革や政策履行を妨害したり、遅らせたりした事例もあった。

非暴力行動の手法の研究

非暴力行動の手法の改良そのものにはさほど注目が集まっていないが、非暴力行動の利用自体は広まっている。人々は半ば思い付きから、直観を頼りに、有名な事例をなぞって、非暴力行動を実践してきた。かなり不利な状況のもとでも、経験を積んだ活動家や指導者すら欠いている場合でも、非暴力行動に打って出てきた。あらかじめ準備や訓練をすることなく、ほとんど、はたまた何も計画を立てず、非暴力行動を立ち上げてきた。事前に戦略・作戦・可能な戦術をまったく検討することなしに、でなければ一部を検討するだけで、非暴力行動を始めてきた。いうなれば、大多数のケースで、人々は非暴力行動に着手してみたものの、自分たちが実践している手法がどのような性質のものなのかをほんとうのところは理解していなかったし、非暴力行動の歴史についてもあまり知らなかったのである。実際、人々が参考にできる非暴力行動の戦略や作戦についての研究書や、他に、非暴力闘争の「軍隊」をどう組織するか、闘争をどのように展開するか、規律をいかにして維持するかについての実践的な手引き書は、これまで出回ってこなかった。

そのような状況のもとでは、非暴力闘争が敗北に終わったり、不完全な勝利に甘んじたりすることが多々あったのは当然だ。また、非暴力闘争が暴力に発展してしまい、後述するように、そのせいで闘争が敗北に至ったケースがあったことも驚くにあたらない。ただ、そうした困難の中にあっても、非暴力行動の理論とともに、その実践が広まり、構築され、整理が進んできたことは喜ばしいことである。

目下、非暴力行動の手法にはどのような特徴があるかについて理解を深め、その可能性を模索しようとする人たちがいる。複雑で困難な問題に対処するために、暴力に代わるものとしての非暴力行動にいかにして磨きをかけ、取り組めばよいかを問う人たちがいる。こうした知的な探求が非暴力行動の手法の歴史の重要な局面を新たに切り拓くかもしれない。さまざまに異なった背景のもとに打ち立てられた幅広い種類の非暴力行動の実践は、多岐にわたる事態や問題に対処すべく多様な形態をとりながら、世界中で進展を続けている。

第Ⅱ部

非暴力行動の手法

非暴力行動の「武器」とも呼べる数々の特殊な手法は、以下の三つのカテゴリーに分類できる。

一　抗議・説得をすること
二　協力を拒むこと
三　事態に介入すること

非暴力の手法一式に通じておくことが望ましい。これから紹介する非暴力行動の一九八の戦術一覧は完成版というわけではなく、今後も項目追加がありうる。

各手法のより詳細な説明や歴史上の事例については、ジーン・シャープ著『非暴力行動の政治学　第二巻　非暴力行動の手法』を参照していただきたい。

第三章　抗議・説得をする方法

このカテゴリーに分類されるのは、主に、何かを通して穏やかに異議を唱えたり、承諾を求めたりするような、自分たちの意思を象徴的に表現するさまざまな行動である。象徴的な行動は言語表現の域にとどまらないが、協力を拒んだり事態に介入をしたりするほどの直接的な行動まではいかない。

非暴力抵抗者は表現方法を工夫して、物事に反対あるいは賛成の立場、対抗あるいは支持の程度、キャンペーンの動員を間接的に表明する。

そのようにして非暴力抵抗者がメッセージを発信すれば、抵抗相手・世間一般・不利益を被ってきた民衆のいずれか、または三者すべてに影響を及ぼすことができる。

この種の手法を駆使して、非暴力抵抗者は相手が言動を正すよう、停止するよう、不利益を被ってきた民衆の希望を聞き入れるよう仕向ける。抗議・説得をする手法は、以下の一〇のサブカテゴリーから成る五四項目の一覧のとおりである。

1. 公式声明

1 公式演説を行う
2 異議・賛同の手紙を書く
3 組織・機関を通じて布告する
4 公式声明に署名する
5 非難・意向を表明する
6 集団／大多数で嘆願する

2. 大勢の人への発信

7 (文字、色、イラスト、ジェスチャー、音声、模倣などで)スローガン・風刺・シンボルマークを作成する
8 垂れ幕・ポスター・情報表示を設置する
9 冊子・パンフレット・本を著す
10 新聞・雑誌に投稿する
11 レコード・ラジオ・テレビ・ビデオで発表する
12 飛行機の噴射煙を使って空中文字・地上絵を描く

3．集団での発表

13　代表団を結成する
14　偽の賞を創設する
15　集団で陳情を行う
16　見張りを置いて監視する
17　模擬選挙を実施する

4．公衆に向けた象徴的行為

18　旗・象徴的な色を提示する
19　（支持を示すバッジやワッペンなどの）シンボル・アイテムを着用する
20　祈祷・礼拝を行う
21　象徴的なオブジェを届ける
22　抗議の意を示して服を脱ぐ
23　（自宅・文書・証明書など）自らの所有物を破壊する
24　（松明・提灯・蝋燭で）象徴的にライトアップをする
25　肖像画を展示する
26　抗議を込めて色を塗る

27　サインや名前／象徴的名称を新たにする
28　（笛・鈴・サイレンなどを使って「シンボル・ソング」をかき鳴らし）象徴的な音をたてる
29　（土地や建物を占領して）象徴的に場所を埋め立てる
30　失礼なジェスチャーをする

5．個人への圧力

31　（静かに、うやうやしく、絶えず後を追って）役人に「つきまとう」
32　（ものまねをしてからかいながら）役人をなじる
33　（直に人に働きかけ、その人が仕えている政権は不当だと説き伏せ）狙いを定めて相手方を仲間に入れる
34　徹夜で祈る

6．演劇と音楽

35　ユーモアに富む寸劇・いたずらを行う
36　演劇・音楽を上演する
37　歌う

7. 行列

38 行進する
39 パレードを行う
40 宗教的行列を組む
41 巡礼をする
42 自動車でパレードをする

8. 死者の弔い

43 哀悼の意に政治的メッセージを込める
44 偽の葬式をする
45 葬儀を通して訴えかける
46 墓地にお参りする

9. 市民集会

47 対抗／支持を示す集会を開く
48 抗議集会を開催する
49 偽装の抗議集会を催す

50 （さまざまな知識人を交えて）討論集会を行う

10. 撤退と放棄

51 退場する
52 沈黙を貫く
53 勲章を放棄する
54 背を向け無視をする

上記はいずれも象徴的な行動である。協力を拒み、事態に介入する行動のほうがより大きな威力を発揮する。

第四章　社会的に協力を拒む方法

人々が社会活動・経済活動・政治活動への参加を拒み、社会的・経済的・政治的な協力を断つ行動がこのカテゴリーに分類される。そのうち社会的に協力を拒む手法は、以下の三つのサブカテゴリーから成る一五項目の一覧のとおりである。

1. つまはじき

55　社会参加を拒む

56　特定の機会に社会参加を断る

57　（性的ボイコットとして）性生活を拒否する

59　（宗教儀式を一時的に止め）宗教的職務を停止させる

2. 社会行事・慣習・組織への協力拒否

60　社会活動・スポーツ活動を一時取りやめる

61 親睦会への参加を拒否する

62 授業への出席を拒む

63 （慣習や規定といった）社会規範を無視する

64 社会的機関から脱退する

3．社会システムからの離脱

65 自宅に引きこもる

66 社会生活を完全に拒絶する

67 （どこかに逃げ出し）労働から「逃走」する

68 （宗教、道徳、社会、法律などの違反規定から逸脱しない範囲で、人と接触しなくてもよい場所に逃げ込み）保護区を求める

69 （小地域の住民が家や村を放棄し）集団で失踪する

70 （従来の社会関係を断ち切り新たな場で永住する「ヒジュラ」の形で）抗議の意を込めて移住する

第五章　経済的に協力を拒む方法──その一　経済ボイコット

経済ボイコットとは、人々が特定の商品やサービスを購入する、販売する、取り扱う、分配するのを拒否することを言う。経済ボイコットの手法は、以下の六つのサブカテゴリーから成る二五項目の一覧のとおりである。

1．消費者の行動

71　特定の商品／サービスを拒む
72　（今までに）購入済みの商品の消費を差し控える
73　（消費を極限まで抑え）禁欲生活をする
74　賃貸料の支払いを保留する
75　賃貸料の支払いを拒否する
76　（他国の製品の購入やサービスの利用を止め）国内規模でボイコットをする
77　（数カ国が共同して特定の国の製品を買い控え）世界規模でボイコットをする

2. 労働者・生産者の行動

78（ボイコット対象メーカーの製品や備品を使って仕事をするのを拒み）労働者がボイコットをする

79（自分たちの製品の販売や配達を断って）生産者がボイコットをする

3. 中間業者の行動

80（労働者または中間業者が特定商品の取り扱いや供給を拒んで）仕入・取り扱いのボイコットをする

4. 所有者・経営者の行動

81（特定商品の購入や販売を差し控え）小売業者がボイコットをする

82 不動産の賃貸／売却を拒否する

83（所有者が一時的に操業を停止して業務をストップさせ）工場を閉鎖する

84 産業支援を断る

85 卸売業者の一斉ストライキ「ゼネスト」を行う

5. 金融資産保有者の行動

86 銀行預金を引き出す
87 代金・手数料・査定金額の支払いを断る
88 債務／利息の支払いを拒否する
89 投資ファンド・預金を取りやめる
90 （政府に税収を与えまいと自主的に）納税を拒む
91 （別の支払い方法を要求して）政府資金を受け取らない

6. 政府の行動

92 国内で通商を禁止する
93 貿易業者をブラックリストに載せる
94 国際的に販売取引を禁じる
95 国際的に購買取引を禁じる
96 国際的に貿易を禁じる

第六章　経済的に協力を拒む方法──その二　ストライキ

ストライキという手段を使えば、人々は仕事を通じて相手への経済的な協力を拒み続けることができる。通常、ストライキは集団で計画的に行うもので、相手に圧力をかける目的で労働集団が労働を一時停止することを指す。ストライキの手法は、以下の七つのサブカテゴリーから成る二三項目の一覧のとおりである。

1．象徴的ストライキ

97　（告知した短期間）抗議の意を表してストライキをする
98　（抜き打ちで抗議の意を込めて短期間）急ごしらえでストライキをする

2．農業ストライキ

99　農家がストライキを起こす
100　農場労働者がストライキを起こす

3．特殊集団のストライキ

101 押し付けの労働を拒絶する
102 収監者がストライキを行う
103 工芸家がストライキを行う
104 専門家がストライキを行う

4．産業ストライキ

105 （一事業者が経営するひとつ以上の工場で）施設ストライキを実施する
106 （ある産業のすべての施設で労働を停止し）産業ストライキを実施する
107 （同僚の）労働者の要求を支持してストライキを実施する

5．限定的ストライキ

108 （部門または地域ごとに部分的に労働を停止させ）分割してストライキを起こす
109 （労働組合が毎回一産業工場に限定してストライキを行い、それを繰り返して）工場ストライキを数珠つなぎにする
110 怠業ストライキをする

111 法定規則通りに働き生産速度を遅らせる（法律遵守のストライキを実施する）
112 「病欠」と称して仕事を休む（病欠ストに出る）
113 （かなりの数の）労働者が辞職する
114 （労働者が所定の仕事をしたり、所定の勤務日に働いたりするのを拒み）限定的にストライキを行う
115 （労働者が特定のタスクに従事するのを拒否し）業務を選んでストライキする

6. 多業種間のストライキ

116 （複数の産業が同時にストライキに突入し）広範なストライキを行う
117 全国一斉のゼネストをする

7. ストライキと経済封鎖の組み合わせ

118 （任意で一時的に経済生活を停止する）同盟罷業「ハルタル」を実行する
119 （労働者がストライキを行うと同時に雇用者も経済活動を停止し）経済封鎖をする

第七章　政治的に協力を拒む方法

抗議の意を表明したり、政治集団の機能を停止させたり、政権の崩壊をもたらす行動に出たりすることで、人々は相手に政治的に協力するのを拒める。政治的に協力を拒む手法は、以下の六つのサブカテゴリーから成る三八項目の一覧のとおりである。

1．権威の否認

120 忠誠心を保留する／捨てる

121 （現政権やその政策に対して）公に支持を拒む

122 書物・演説で抵抗の立場を唱える

2．市民が政府に突き付ける協力拒否

123 議会をボイコットする

124 選挙をボイコットする

125 国家公務員としての雇用・地位を拒否する
126 行政府・機関・団体が業務をボイコットする
127 国家教育機関を退く
128 政府系組織が業務をボイコットする
129 執行機関への支援を拒む
130 特定の看板・案内版を撤去する
131 役人の指名を認めない
132 既存機関の解散を退ける

3. 服従に代わる市民の選択肢

133 故意に時間をかけて仕方なしに従う
134 直々の監督を不在にして服従を阻止する
135 (非公表で半ば隠れて) 服従から逃れる
136 (表面上は) 追従を装って服従を避ける
137 集会/会合の解散を拒む
138 座り込みで要求を示す
139 兵役・国外退去の命令に背く

140 身を隠し逃亡し身分を偽る
141 「公正ではない」法律に従わない

4．役人の行動

142 （特殊命令を遂行する一環で、あらかじめ上官に告知のうえで）政府系の助成支援の受け取りを拒否する
143 指揮系統・情報網を阻止する
144 業務を行き詰らせ妨害する
145 一般事務職員が協力を拒む
146 （審理を司る）裁判官が裁判への協力を断る
147 執行機関がわざと非効率に業務をし協力しない
148 上官に反逆する

5．国内政府の行動

149 法律に相当することがらを守らず後回しにする
150 政府内の部署が協力を拒む

6. 海外政府の行動

151 外交官・他の代表を変える
152 外交に関するイベントを延期・中止する
153 外交上の承認を保留する
154 外交関係を断つ
155 国際機関から脱退する
156 国際団体への加入を拒む
157 国際組織から追放する

第八章　事態に介入する方法

このカテゴリーのもとには事態に直接介入して状況を変える行動が分類される。人々が現体制を拒否して直に体制に働きかけ、社会の既存の行動規範、政策、関係、組織を分裂させること、さらに崩壊させることは可能だ。他方、現体制に建設的なアプローチで直に働きかければ、社会の新たな行動規範、政策、関係、組織を構築していくことも可能である。

ここまで見てきた方法と比べて言えるのは、人々が事態に介入する方法を採るときには、即座にその人たちに試練がふりかかる場合が多いということである。そのため、介入行動を辛抱強く続け、持続させていくのは難しい。介入行動の後、すぐさま人々が厳しい鎮圧を受けることは大いにありうるのだ。

介入行動に出て、人々は自分たちの行動規範・組織・主導権などを防衛できる。また、介入行動によって相手に攻撃を加えることもできる。相手を直接挑発せずとも、自分たちの目的に沿って闘争を推し進め、相手の陣営内部にまで闘争を拡大させていける。

事態に介入する手法は、以下の五つのサブカテゴリーから成る四〇項目の一覧のとおりである。

1. 心理的介入

158 自らを風雨にさらす

159 断食をする

160 （非公式に）被告人が「検察官」の立場になり逆裁判を行う

161 嫌がらせをする

2. 物理的介入

162 座り続ける

163 立ちはだかり続ける

164 降りずに乗車を続ける

165 歩き続ける

166 （象徴的な意味を持つ場所に集まって）移動し続ける

167 祈り続ける

168 （決められた要所まで歩いてその場所の所有を要求し）侵入する

169 （多くの場合）空から冊子／食べ物をばら撒く

170 暴力を使わず侵略する

171 （作業や活動に使用する物体に割って入り）身体を差し挟む

172 （通常は一時的に）暴力を用いないで妨害する
173 暴力なしに占領する

3．社会的介入

174 新たな社会規範を作る
175 施設を積荷でいっぱいにする
176 牛歩をする
177 話し続ける
178 （即興で割り込んで）ゲリラ的に劇を始める
179 代替の社会機関を創設する
180 代替のコミュニケーションの仕組みを築く

4．経済的介入

181 （あえて）過剰に働いて逆ストライキをする
182 （居座り続けて）職場を占拠する
183 土地を差し押さえる
184 封鎖に抗う

185 政治的な意図で偽造をする
186 決まった購入先を排除する
187 財産を没収する
188 所有物を処分する
189 特定の人に利益供与を行う
190 代替の市場を設ける
191 代替の交通システムを組織する
192 代替の経済機関を創設する

5. 政治的介入

193 事務体制に過重な負担をかける
194 秘密組織の構成員の身元を暴く
195 投獄を希望する
196 不当でありながら「無害」を装う法律に背く
197 体制からの命令を無視して働き続ける
198 現政権と並行して別の統治権や統治機構を打ち立てる

第Ⅲ部

非暴力行動の作用

ここからは、非暴力の政治闘争がどのように「機能する」のかをさらに掘り下げる。非暴力闘争の作戦には定まった型はない。柔軟に、変化に富むよう、相手との双方向の関係の中で作戦を展開していかなければならない。実際のところ、闘争の仕組みはかなり複雑で、従来の戦争やゲリラ戦の作戦よりも入り組んでいる。

第九章　非暴力闘争の下準備

相手の権力との対峙

非暴力行動は暴力を使わずして相手の権力を制御し、自分たちの勢力を発揮する方法である。そのためには、非暴力行動集団は自分たちの勢力を相手集団に及ぼすことのできる状況を作り出さなければならない。非暴力の手法は、政治的な目的で用いられる政治暴力の手法とはまったく異なる。

大概は、非暴力行動集団の相手方は政府である。政府の他には、裁判所・警察・刑務所・軍をはじめとする国家の支援を受けた何らかの組織であることが多い。相手集団と対峙する際、非暴力行動集団は相手サイドが使うのと同じ武器は決して用いない。代わりに、さまざまな方法を使いこなしながら、暴力の形で露わになる相手方の権力に間接的に対抗する戦略をとる。基本的に、非暴力行動集団は完全に独自の闘争技術を駆使して相手側に抵抗するのである。その技術は抵抗者側に有利に働くよう考案されている。こうして、非暴力行動集団と対敵はそれぞれ異なる手法で闘うことになるので、両者間の闘いは非対称的な構図をとる。

非暴力行動が効果をあげると、相手方の権力は弱体化する。非暴力行動の目的は、相手の権力の供給源になっている機関や団体を相手から遠ざけ、相手が振りかざす暴力を無効にし、戦闘能力を発動しようとする相手の意志を挫《くじ》くことである。相手陣営の権力の供給源が縮小したり消失したりするのに応じて、その陣営が闘争を継続する手腕も縮小したり消失したりする。

非暴力行動の形態とリスク

あらゆる闘争に言えることだが、非暴力闘争にもリスクがつきものである。たとえば、敗北のリスクがある。成功は一切保証されていない。闘争中に参加者の身に危険や危機がふりかかる。どのような類の闘争であっても、参加者はけがをし、経済的損失を被り、投獄され、命さえ狙われる可能性がある。ただ、闘う双方が暴力に訴える闘争と比較すると、非暴力闘争ではそうしたリスクが劇的に抑えられることが多い。また、非暴力闘争の過程で政治暴力が勃発するリスクもある。たしかに、非暴力闘争の参加者が相手からの制圧に何も抵抗しないことが、かえって相手からの暴力を招くことはある。

抵抗運動の種類は膨大にある。二つとして同一の事例はない。ただ、非暴力行動の作用について分析を進めるためにも、以下に非暴力行動に共通する三つの前提を明記しておく。

一　抗議・説得、非協力、介入の三種の手法を用いる。

二　大多数の人々が参加し、闘争期間を通じて非暴力の原則を軸に行動する。
三　闘争期間中は参加者の市民としての自由がかなり制限される可能性はあるが、ある程度の自由は保障される。

恐怖の払拭

主体的に行動することへの恐怖や闘争に伴う苦痛をしのぶことへの恐怖を払拭し、制御するのが、非暴力闘争に参加者するにあたっての前提条件である。恐怖心に関して、以下の九点を確認したい。

一　臆病者は非暴力闘争に加わることはできない。
二　臆病者は闘争を避け、危険から逃げようとするが、非暴力抵抗者は闘争に向き合い、それに伴う危険を冒す。
三　ガンディーによると、暴力的な人が非暴力の人に変わるという希望はあるが、臆病な人が非暴力の人に変わるという希望は一切ない。
四　自分は弱いと決めてかかるところから恐怖心は生じる。
五　市民の抵抗者は正義と大義名分・理念・行動手段に自信を持つべきだ。
六　恐怖を払拭し制御することは、自信を獲得することと密接に結び付いている。自信とは、自分には力があり、自分は変革を生み出すために有効な行動をとれると信じることである。実際に非暴力闘争に参加することで次第に恐怖心を取り除いていける。

七　非暴力闘争で求められる勇気は、道徳的な心構えであると同時に実践的な必要条件でもある。

八　行動計画を策定するときは、非暴力闘争の参加者にどのくらい勇気があるかを考慮して、戦術を選ぶべきである。

九　非暴力闘争集団が相手集団の残虐行為を止めるいちばんの近道は、残忍な行為によっては目的が達成されないと相手側に証明してみせることだ。

集団の勢力を変える社会的要因

非暴力行動集団と相手集団の両者の勢力は変動する。闘う双方が暴力を用いる闘争と比べてみると、非暴力闘争では、相対する各陣営の勢力が一段と目まぐるしく、目に見えて変動し、違った形の結末を迎えるように思われる。たとえば、非暴力行動集団の行為が相手集団の勢力を相対的に強めてしまう状況に陥るだろう。あるいは逆に、非暴力行動集団の行為によって相手集団の勢力が相対的に弱まる状況を生み出すだろう。いずれの事態になるにせよ、やはり闘う双方が暴力に訴える闘争と比較すると、非暴力闘争のほうが結果はより劇的である。

三つの要因によって、非暴力抵抗集団・相手集団の各陣営の勢力は絶えず変動する。第一の要因は、各陣営の指導者が頼みにしている闘争支援者・闘争参加者の数や質である。非暴力抵抗集団と相手集団の双方にとって、支援者・参加者は集団内部の人間だけでなく、官僚・鎮圧部隊を各陣営に取り込めるかも肝心となる。絶対とは言い切れないが、非暴力の手段を用いる非暴力抵抗集団と対峙するとき、官僚・鎮圧部隊は次第に闘争で精彩を欠いていき、その中から上官への協力を拒む者が増えていくようだ。

第二の要因は、闘争の外野とも言える一般市民が各陣営に寄せる共感や支持の程度である。非暴力抵抗集団やその政策・対策に共感や支持を示す一般市民がいる一方、相手集団やその政策・対策に共感や支持を示す一般市民もいる。そうした中で、暴力に訴える運動よりも、非暴力に訴える運動を行う非暴力抵抗集団の側に一般市民からの共感や支持が集まる見込みは高い。

第三の要因は、国内外の人々から各陣営に向けられる意見や支援である。世論や対外援助の影響で、おのおのの立場が強くなったり弱くなったりするだろう。ただし、世論や対外援助は勢力を変動させる起爆剤にはならないから、両者が当てにできるまでのものではない。

非暴力闘争でのリーダーシップ

非暴力行動を開始するうえで前提とすべきは、非暴力行動の方法を心得えて人々を率いる指導者集団の存在である。同時に、非暴力闘争についての知識を広く市民に行きわたらせておくことも重要である。多くの人が非暴力行動の戦術を理解するようになれば、相手方は非暴力運動の「首脳部を潰し」にくくなり、運動の指導者を投獄するとか殺害するとかの手を使いづらくなるだろう。指導者の役目は、代表者として集団に奉仕し、問題解決の手立てを講じて段取りを付け実行に移すことだ。指導者は集団、委員会、個人、もしくはそれらすべてのもとでリーダーシップを発揮できる。

非暴力闘争の準備

闘争規模の大小を問わず、いかなる闘争であっても入念な計画と準備が不可欠だ。そのためにも、非暴力闘争の準備項目としてあらかじめ検討しておくべきことを確認しておこう。

・調査

徹底的な調査にもとづいて、以下の五点を明確にする必要がある。

一　非暴力闘争の目的を定める。
二　現在の抗議内容を挙げる。
三　将来を見据え変革の方向性を決める。
四　非暴力闘争の意義・事実・目標をできるだけ広く一般の人々に知らせる。

五　抗議内容とともにこれから立ち上げる闘争の根拠を明らかにして、非暴力闘争を挑む「動機の自覚」を新たにする。

・抗議内容や状況の把握

非暴力闘争者は闘争のごく初期の段階で、現状の問題は何かを判断し、問題の深刻さを見極めておく必要がある。何が問題の原因で、どのような方法で問題を解決できるかを問い直す。闘争を展開せずとも納得のいく解決を導きだせると判断するのは現実的かどうかを考える。もしそれが現実的だとすれば、闘争を起こさないにこしたことはないだろう。

だが、もしそれが現実的でないなら、非暴力闘争者は闘争に踏み切る理由を誰の目にも明らかなように示さなければならないだろう。また、闘争では暴力を一切用いず、非暴力行動に徹する旨を説明することも求められる。これから仕掛けようとする非暴力闘争の目標を明確に設定するためには、現状の体制のもとで不利益を被ってきた民衆の立場になって、その人たちを擁護するために立ち上がり、抗議内容や問題の所在にひときわ入念な注意を払わなければならない。

非暴力闘争は「世界平和」、「自由」、「独立」、「友愛」といったかなり広範な目的のもとに開始すべきではないというのがガンディーの考えである。闘争目的は具体的に公にすべきだ。非暴力闘争者が闘争の目標を設定するときは、相手が容認できる範囲内のものに、そして必要であれば、闘争者が威力を発揮できる範囲内のものにすることが重要である。極端に抽象的な概念を掲げることは、そうした範囲から逸脱することになる。

非暴力闘争者が終始均一の勢力を振るいながら闘争の前線で闘うよりも、自分たちの最大の強みを活かしつつ、相手の主張、政策、体制の弱点と思われるポイントに集中的に勢力を傾け、メリハリをつけて闘うのが賢明である。

・交渉

実際に動き出す前に、非暴力行動集団は相手方と問題の解決策を協議するために最善の努力をすべきであるし、また、そう努力していることをアピールすべきである。というのも、事前に協議の場を設けることは、非暴力行動集団の道義的立場をかなり優位にするからである。通常は、いったん協議で要求事項を定めたら、そのまま変更なしに進むのが妥当だ。

こうした交渉段階の間に、非暴力行動集団が闘争に着手する準備を並行して行っておくことは現実に即しており有益である。ただし、交渉は非暴力闘争の代わりにはならない。互いに問題にしている点を交渉段階で解決できない可能性はつねにあり、それどころか、その見込みのほうが高い。あくまでも、交渉に臨むにあたっては、非暴力闘争者は闘争を仕掛ける決意を固め、そのための技量を備えておくことが不可欠である。ガンディーが言ったとおり、非暴力の軍隊は闘争が不要になるくらいにあらかじめ対策を講じ、先手を打って強固に装備を整えておくべきだ。非暴力行動集団は取り決めに応じるよう交渉で相手方に要求するだけでなく、取り決めの履行の確約を強いて、何らかの行為でその確約を事前に証明するよう迫るとよい。

交渉の開始以前に、非暴力抵抗者の活動を大きく規制するような要求を相手が突きつけてきたとしても、抵抗者はその要求をのむべきではない。たとえば、抗議や反抗をやめるように、または抵抗を呼びかけるのさえやめるように迫り、それを交渉のテーブルにつく前提条件として振りかざしてくる相手もいるだろう。しかし、そのように理不尽な交渉の前提条件を相手集団が課してこない限り、非暴力抵抗集団は交渉する意志を相手側に示し、闘争開始に先立って問題解決を模索すべきである。

・争点の設定

非暴力闘争を成功させるのに必須なのは、正しい要所、つまり闘争の主眼点を明示しておくことである。複数の大きな目的を一度に達成しようとするのは合理的ではない。あるとき、大学のキャンパス内でデモ行進をしていた学生が、その抗議運動に参加していた他の複数の組織の分も代表して八～一〇個もの多岐にわたる要求を掲げていた。そのように争点が定まっていない状況では、要求を勝ち取るのはほぼ不可能である。

相手の主張、政策、体制の弱点を突く活動に照準を絞れば、非暴力行動でのリーダーシップは威力を発揮するだろう。小さい力で重いものを持ち上げることのできるテコの原理が示すように、テコに力を加える力点を把握しておくことが重要だ。簡潔で、明確に理解でき、正当性があると認められるように、争点を絞り込むのである。

非暴力闘争を成功させられるかどうかは、戦略を段階ごとに実行できるかどうかにかかっているだろう。将来ひとつの大きな勝利を獲得するためにこそ、一連の小さな勝ちを積みあげていくような方法を採るのだ。非暴力闘争に求められるのは、このように具体的な段階を踏んでいくことのようである。

全般的な問題のうち、明らかに不当である特定の側面に争点を絞り、自分たちの強みを傾けていけば、やがて、非暴力抵抗者はよりスケールの大きな目的を達成するための実力を高めていける。ここを押さえておけば優勢な展開に持ち込むことができるという非暴力闘争の行方を左右するポイントで、抵抗者は手綱を握るべきである。抵抗者が闘争の要所で集中して闘う限り、相手が鎮圧を課してきても、その鎮圧はかえって抵抗者の目的を際立たせるよう働くだろう。その点については、政治権力の「柔術」の項目をたてて後で詳しく述べる。

・闘争目標の確立

異議が申し立てられている政策をいつまでも続けようとする相手の欲求や手腕を挫くことができれば、抵抗者は自分たちの目的に向かって非暴力闘争を展開できる。また、変革を実現しようとする人々の意志や勢力を生み出していくことができれば、やはり抵抗者は自分たちのねらいどおりに非暴力闘争を推し進めていける。

特殊な状況では、いっそのこと非暴力闘争者が抑圧的な政権の打倒を目指すのがよい場合もあるかもしれない。ただし、それを達成するのは並大抵のことではないだろう。通常は、特定の問題に争点を絞り、一連の勝利を積み重ねていくよう闘争計画を立てるのが妥当であろう。非暴力行動によってひとつひとつ小さな勝利を重ねれば、次第に相手方の勢力は弱まり、抵抗者側の勢力が強まっていく。

そのように争点を定めて一連の勝利をねらうことは目標を控えめに設定することとは違う。それは大規模な勝利をより確実なものにするために、自らの強みを傾けることである。特定の戦術での成功を積み重ねていけば、非暴力抵抗者は効果的に行動できる自信や実力を高めることができ、ゆくゆくはそれが大きな目的を勝ち取ることにつながるだろう。

・「動機の自覚」の覚醒

非暴力闘争集団は運動の初期段階で、現状の事実・争点・議論を提起し、公表しておくべきだ。それにはパンフレット・冊子・書籍・雑誌記事・新聞・ラジオ・テレビ・集会・歌・スローガンなどの媒体が有効である。そうしたコミュニケーションは質こそが重要だ。相手側の嫌悪感や不寛容な姿勢を煽るべきではない。また、この時点で非暴力闘争集団が世間の人々の反感を買わないようにしておくことも重要である。その中からいずれ非暴力闘争集団の味方についてくれる人が現れるように間口を広げておくためだ。

非暴力行動集団は段階を踏みながら自分たちの「動機の自覚」を呼び覚ましていくだろう。以下に示すのはそれに至る六段階である。

一　争点について理解を深める。

二　非暴力行動の計画・成功を勝ち取る要件・特定の行為に従事するあるいは従事しないことの重要性を一般市民に伝える。

三　直接行動に打って出ることの正当性を明確にする。

四　非暴力闘争中に生じうる困難や苦難を警戒する。

五　非暴力行動は他のいかなる類の行動よりも勝利を収める可能性が高い手法だからこそ、それに伴うリスクや損失を引き受ける甲斐があることを確信する。

六　正当な目的・非暴力の手法の実践・賢明な戦略・成熟した規律や振舞いが長期的に相乗効果をあげて非暴力闘争での勝利が確実になると信じる。

・量と質の吟味

非暴力闘争集団は闘争の参加者の人数という量と参加者の態度という質との間のバランスをつねに注意深く検討しなければならない。参加者数と参加態度の最適なバランスは状況に応じて異なるだろう。たしかに、人々が相手に合意・協力・追随するのをやめることが非暴力行動の効力を大いに左右するから、敵手に相対的に影響を与えるには、参加者数は重大なファクターである。同時に、鎮圧を受けても恐れず、規律を保ち、辛抱するといった参加者の資質も、非暴力行動の底力を支える。戦略・作戦・行動手段の選択をつかさどる判断力も参加者の資質として極めて重要だ。

一般的には、非暴力闘争では量より質が肝心である。闘争集団が多数の参加者を獲得するために行動基準を下げるのは逆効果になりうる。そうなれば非暴力運動の勢いは弱まり、規模も小さくなってしまう。質と量の双方で運動を強靭なものにしていくには、人々が高い基準で非暴力行動を貫くことが何より大事である。

・運動の組織化

既存の一組織または複数組織で非暴力闘争に挑む場合があるだろうし、新たに組織を創設してからという場合もあるだろう。いずれにしても、闘争に立ちあがろうとする組織に求められるのは、効率的に機能し、公明正大な風土を備え、自律していることである。闘争集団が組織内でのコミュニケーションを円滑にすることも大事だ。さらに、闘争集団は支持者と連絡をとる方法をあらかじめ計画しておき、相手側が闘争集団の通常のコミュニケーション経路を破壊する事態に備えておく必要もある。

非暴力闘争に先立ち、組織的に取り組むべきことを整理しておこう。

一　一般市民対象

現状の事実と抗議内容を市民に公表し、市民からの共感を喚起し、情報を市民に拡散する。

二　ボランティア対象

ボランティアを募集し、訓練し、非暴力闘争の参加者に組み入れて積極的な関わりを奨励する。

三　指導者対象

指導者が逮捕される事態に備えて代理の指導者をたてておき、新たな指導者の選定手続きを取り決め、その指導者に情報を提供しておく。

四　非暴力運動の参加者全般対象

非暴力闘争の参加者の士気や規律を維持し、厳しい鎮圧を受けたときに指導者不在でも行動する手立てを参加者に伝授し、参加者間のコミュニケーションを維持する。

非暴力闘争で開示すべきことと機密保持にすべきこと

機密・欺瞞・陰謀は非暴力行動に訴える運動にたいへん重大な問題を投げかける。独裁政権下で活動するときには、機密を保持しなければならない場合もあるだろう。だが、別の状況下では、機密保持が深刻な危険をもたらす可能性がこの上なく高い。恐怖が秘密主義を生み、秘密主義が恐怖を生む。非暴力闘争を効果的に推し進めていこうとするなら、闘争者は恐怖を払拭したり制御したりする必要がある。

ここから先の議論は市民の自由が相当に保障されている政治体制のもとで人々が仕掛ける非暴力闘争を前提としている旨をことわっておく。そうでない状況のもとでは、かなり入念な注意を払って、どの情報や活動を機密にするべきか、どの情報や活動ならば完全に開示できるかを判断しなければならない。

非暴力闘争の土台は、勇気と規律である。したがって、恐怖心を抱かないこと・闘争戦略の核となる非暴力の原則を維持することを必要条件とする非暴力闘争では、情報開示は当然のことだと思われる。情報開示とは、つまり、闘争者の意図や計画に関して正直に手の内を明かして、相手や世間に腹を割ることである。闘争者があらかじめ闘争に関する情報開示を行っておけば、参加者は逮捕されること・計画を曝露されること・組織を破壊されること・投獄されることの恐怖から逃れられるだろう。大規模な運動は公開してしかるべきだ。非暴力の原則をもっとも適切に実行に移すことができる場は、内密の暗がりではなく、白昼の光のもとである。一方で、秘密主義に走ったために非暴力運動が下火になったり、やがて暴力を帯びたりすることがある。

自由を勝ち取るための非暴力闘争では、参加者は自由の民として振舞わなければならない。英国からの独立を求めたインドの人々の闘争をもとに、（のちにインドの初代首相を務めた）ジャワハルラール・ネルー〔インドの独立運動指導者（一八八九〜一九六四）〕は、人が率直に、開けっ広げに行動する際に生じる心理的な解放を回顧して次のように語った。

何より、われわれ闘争者は自由の意志を獲得し、その自由に誇りを見出したのです。かつて抱いていた抑圧や不満の感情は完全に消え去りました。もう、ひそひそ話をすることはありませんでした。当局と問題を起こさないようにと、法律用語をわざと遠まわしに言い表すこともありませんでした。自分が感じるままのことを言ったのです。家の屋根のうえから自らの感情を叫んだのです。その結果どうなるだろうかと、われわれが何か心配したと思いますか？　刑務所に連れて行かれることを心配したでしょうか？　いいえ、われわれは刑務所に行くことすら楽しみだったのです。なぜなら、それによってわれわれの大義をさらに推し進めることができると思ったからです。かつてわれわれを取り巻き、追い回していた数多くのスパイや秘密警察に対して、われわれは哀れみさえ感じていました。というのも、実際のところその人たちが探知する秘密など何もなかったからです。われわれのカードはつねにテーブルの上に隠さず並べてあったのでした。

相手への情報開示の影響

（確証はないが）非暴力行動集団が相手集団にオープンな態度でのぞむと、相手方は非暴力行動集団の動機・目的・意図・計画を正確に理解するようになるだろう。非暴力行動集団が繰返し相手側と直接やりとりするよう努めれば、闘争の行方に深刻な影響を及ぼしうる誤解を避けたり正したりすることができるかもしれない。たとえば、非暴力行動集団がデモ行進の計画を事前に当局に連絡しておけば、不意を突かれてかっとなった警察がデモ参加者に残虐行為を働く事態を未然に防ぐことにつながるし、それが「正々堂々とした闘い」や騎士道精神と評価されることにもつながるであろう。

本来は機密文書として扱われている資料を非暴力行動集団が開示する場合、相手側は対照的な二通りの反応を示すだろう。一方では非暴力行動集団はさらに重要な機密を隠し持っているのではと疑い、もう一方では非暴力行動集団の誠実さに一層の敬意を表すようになるかもしれない。要は、非暴力行動集団が自分たちのプランを明らかにしていることを相手方がどう見るかということで、それを組織の脆さや無能さの証と見なすか、反対に、秘密主義に頼らなくても成果を収めることができる非常に強力な運動の証と見なすかのどちらかであろう。

非暴力闘争戦略の基本要素

戦争の戦略と作戦の理論はこれまで綿密に開発され研究されてきた。ところが、非暴力行動の学問領域では、いまだにそれに匹敵する進展がない。

戦略に関連する用語を誰の目にも明らかに定義しておくことが重要である。大戦略とは、もっとも広範囲な指針となる全体計画のことで、非暴力闘争の目的達成に向けて闘争集団のすべての資源を組織し、運用する役目を果たす。

戦略を吟味する際は、この大戦略を戦略と区別することも大事である。戦略は大戦略よりも狭義の用語である。戦略とは、大戦略の目標達成を推し進めるために、どのタイミングで動き、どのようにして多様な具体的行動に出るかなどを示す闘争の行動計画を指す。つまり、大戦略の範囲内で戦略を巧みに操るのである。作戦とは、より限定された闘争計画のことである。厳選された戦略の範囲内で作戦を駆使する。具体的には、本書の第二部で紹介した一九八の特定の手法が作戦にあたる。

・戦略と作戦の重要性

少なくとも、軍事行動での戦略と同じくらい、非暴力行動では戦略が肝心である。非暴力闘争者は方針を選択し、それに沿って入念かつ賢明に行動することが重要だ。道徳的に正しい行いをしようと理念だけ掲げるのは、戦略としてまったく話にならない。それだけが道徳的に「正しい」行動方針ではなかろう。実際に「悪」に対する対抗勢力を動員したり、その対抗勢力を最大限に維持したりすることも、道徳的に「正しい」行動方針のひとつと言えるだろう。そのために重要なことは、どのようにして抵抗勢力を生み出して保持し、道義的責任を行動によって果たし、最大限の影響力を引き起こしていくかである。そこで、非暴力闘争者が行動を綿密に選択し、的確なタイミングで動くことが不可欠となるのだ。

戦略が的確であるほど、非暴力行動集団は優勢になり、その戦略が不適切であるほど、劣勢になるだろう。戦争の戦略や作戦が最大限の威力をねらうのと同様に、非暴力闘争の戦略や作戦も抵抗者の勇気・献身・人数を総動員し、最大限の威力を発揮できるようにするためのものである。

闘争者が抗議・非協力・介入の特定の非暴力行動をうまく組み込みながら包括的な戦略を立てるのがもっとも効果的だろう。そうすれば、ひとつひとつの特定の行動の成果が闘争の最終的な成功につながる。なお、後々仲間われを防ぐために、非暴力闘争集団が闘争の立ち上げメンバーだけでなく従来の体制のもとで不利益を被ってきた人々にも闘争戦略を明らかにし、その人たちから賛同を得ておくことも重要である。

・非暴力闘争の戦略と作戦の骨子

非暴力闘争の戦略をいたって明解にまとめた一般原則を見てほしい。特定の闘争事例をひもとくと、そうした原則が具体的に実践されてきたことが分かる。[*4]

一　相手の権力への間接的アプローチ

リデル・ハート〔イギリスの軍事戦略研究者（一八九五～一九七〇）〕が主張するとおり、軍事闘争と同様に「直に攻撃を加えなくても確実に相手を不意打ちにかけること」が行動計画に含まれている場合は、おおむね顕著な成果をあげる。

さらに、「対抗してくる勢力を麻痺させて対抗を無効にすること」および「敵が何か間違ったことをする」よう仕向けることが重要であるとハートは言う。

軍事的な手段に訴える相手に対しては、抵抗者はつねに非暴力という別の手段で立ち向かわなければならない。そうすれば、相手集団が非暴力行動集団に課してくる鎮圧のエネルギーを相手側にそのままはね返すことができ、相手方の権力の座が揺らぐ。最終的には、軍事的手段で対峙しなくても、非暴力行動集団は相手の権力の源泉を縮小したり除去したりすることができるのだ。

二　心理的要素

非暴力闘争では闘争者・闘争相手のいずれの集団もその心理的影響から逃れられない。戦争での奇襲の効果は、相手を無能にしてうまく反応できないようにすることである。非暴力闘争では、密謀によってではなく、闘争者が非暴力の手段によって、相手を不能な状態に陥らせる。時として、闘争者が非暴力行動で奇襲を仕掛けても奇襲の本来の効果を発揮できないかもしれない。非暴力の手法を用いる意図を相手に開示すれば、闘争者は相手方の軍隊の不安を静め、軍隊が闘争者により激しい鎮圧を課す事態を避け、軍隊内で指導者に対する不信感に火をつけることができるだろう。

非暴力抵抗者が士気をあげておくことも肝心である。相手方の軍は事態を制圧することもできないし、勝利を手に入れることもできないと抵抗集団がはっきりと認める瞬間が心理戦で決定的なポイントとなる。スキル・忍耐力・情熱とならんで必須なのは、抵抗者が自信を持って非暴力行動にあたることである。

三　地理的・物理的要素

特定の場所を物理的に占拠して陣地を得るのは非暴力行動では二の次である。あくまで優先すべきは、非暴力闘争の勝利に連なるような状況変化を生み出す条件を整えることだ。その意味では、特定の場所を占拠したり制圧したりするのは、それほど重要とは言えない。そもそも、非暴力行動の技術は何よりもまず人間の意志や行為に働きかけるためのものである。ただ、ある場所が重大な象徴的価値を持っているときは、闘争者が特定箇所を押さえておくことが大事になるかもしれない。その場合、暴力を用いないで妨害・襲撃・侵入するといったやり方で、闘争者は特定の場所を占拠できる。抵抗行動に出ようとする重要地点はあらかじめ入念に選定しておかなければならないだろう。場合によっては、抵抗行動を後方支援するための病院・宿泊施設・台所などの機能を備えた場を手配しておく必要もあろう。

四　タイミング

非暴力行動では作戦実行のタイミングが極めて重要だろう。タイミングといってもさまざまな時機がありうる。たとえば、人々が直接行動をとる準備が整っているときを見極めることや、抵抗せよとの掛け声に人々が弱々しい反応を示すだけだったりその声を無視しているときを見極めることは必須である。いずれにせよ、闘争者は全体の状況から俯瞰的にタイミングを見定める必要がある。重大な日や機会に行動を実施するよう計画を立てる手もあるかもしれない。相手が社会全体に強制力を拡大しようとしている場合には、闘争者は決定的な状況の転換点を見計らって抵抗しなければならないだろう。

五　人数と勢力

前述のとおり、非暴力行動の参加者数はたしかに重要かもしれないが、数だけが重大な結果をもたらすわけではない。参加者の資質が同時に肝心である。規律と忍耐力を備えた抵抗者が大勢いれば、相手が太刀打ちできないように威力を発揮するだろう。

六　争点と威力の結集

妥当な戦略・作戦とは、非暴力闘争を仕掛けるポイントを注意深く選定したうえで編み出されるものである。闘争者は闘争の政治的・心理的・社会的・経済的な要因を考慮してはじめて、そうした入念な判断が可能となる。

非暴力行動では真の強靭さは何物にもかえがたい。決定的な局面ではいくら強靭であっても強靭すぎるということはない。既に述べたように、非暴力行動を効果的に展開しようとすれば、闘争者は重大な争点に絞って動く必要がある。非暴力闘争の参加者の強み・弱み・資源とともに、相手の目的・立場・強み・弱み、また、争点自体の重要性、さらに、敗北あるいは勝利の公算などを考え合わせて、争点を選択する。

「手段に目的をあわせなさい」とは、先にふれたリデル・ハートの言葉である。闘争者は信念を見失わず、それでいて現実的であらねばならない。勝ち目がないところで無駄な努力をして、人々の自信や能力を疲弊させるのを避けなければならない。

特定の状況下では弱みを抱えつつも行動する必要があるかもしれない。だが、たとえそうだったとしても、状況を現実的に判断することが求められる。どうすれば現時点での参加者の強みを最大限有利に活かすことができるか、どうすれば参加者の弱みが露呈するのを防いだりその弱みを矯正したりすることができるかを判断したうえで、戦略や作戦を構築すべきだ。

非暴力闘争者が闘争の争点として掲げなければならないのは、主に特定の政治的、社会的、経済的な問題である。そうした問題こそが、対抗すべき「悪」を象徴するのだ。

相手にはそのような問題を弁護する資格はさらさらない。核となる問題に対処する中で、非暴力抵抗者や一般市民は最大の勢力を生み出すことができる。集中攻撃ポイントを選択したからには、抵抗者は横道に逸れて、優先順位の低い行動方針や手詰まりの問題などに手を出してはいられない。

七　主導権

非暴力闘争では主導権を掌握し維持することが必須である。非暴力行動集団は、相手が鎮圧を課してきも、相手に主導権を握られないように、時機・争点・行動方針を選びながら、いつでも可能な限り主導権を維持するよう努めるべきだ。非暴力行動集団の指導者層は状況をコントロールし、統率力を示さなければならない。そのためにも、新たにキャンペーンをはるにあたって、タイミング、場所、争点、特定の戦術をいったん決定したら、一時的な出来事を理由にその決定事項を覆すべきではない。非暴力抵抗者は相手が行動方針を牛耳るような事態をまねいてはならないのだ。

・戦略と作戦の選択

たいていの場合は、非暴力闘争の指導者が事前に立てた大戦略・戦略・作戦・戦術で、その後の一連の闘争過程のおおよその行方や差配が決まるだろう。非暴力闘争で効果をあげるためにもっとも重大な条件のひとつが、戦略を練ることである。闘争者が明確な戦略を持たなければ、不本意な結果を招くことになるだろう。まずは何をすればよいかという不安が参加者の間に拡散し、やがて参加者は意気阻喪《そそう》し、最終的には非暴力運動の崩壊に至るおそれがある。

逆に、入念に戦略を練ってあれば、それが非暴力運動を漸進的に発展させていく手引きになる。優れた戦略計画とは、非暴力闘争の目的達成を企図して、抵抗者が相手や相手方の体制に立ち向かうのを支持する大きな集団を組織し、その闘争集団の勢力を効果的に発揮させるための計画だろう。戦略計画には、相手の権力の源泉を削ぐ方法も組み込まれるべきだろう。

戦略計画では、まず、どのように非暴力闘争を開始するかの出発点を提示する。次に、最終目的実現のために、どのような戦術を用いて相手にどのくらい圧力をかけるかを決定する。さらに、非暴力闘争が勢いを増すにつれ、どのように行動すれば中間地点で妥当な成果をあげられるかを先導する。加えて、どのようにすれば威力を結集して目標を達成できるかが戦略計画には示されていなければならない。あわせて、相手から鎮圧されたとき、どのような手段でリソースを有効活用しながら人々を動員し続け、闘争を拡大し、前進していくかも示されていなければならない。戦略策定にあたっては、むやみに野心的な計画や、あまりに臆病な計画を立てるのを避けるべきだ。また、戦略計画は、非暴力闘争が意図どおりに順調に展開していくかを見立てたり、闘争終結までの道筋を見通したりする見取り図にもなるだろう。現に、妥当な戦略を練ることができたなら、闘争者はその戦略のもとに特定の作戦や戦術を手堅く適切に組み入れて遂行することができ、闘争で勝利をつかめる公算を高められるであろう。明瞭な戦略を考える洞察力を欠いてしまうと、ひとつの戦術から別の戦術へと、ころころと戦術を変えることになり、結局十分な効果や効力を得られなくなるかもしれない。

戦略と作戦を選択する際、非暴力闘争者は互いに密接に関連する以下の七要因を考慮する必要がある。

一　非暴力闘争集団の目的は何か
二　相手集団の目的は何か
三　非暴力闘争集団の資質・強み・弱みは何か
四　相手集団の強み・弱みは何か
五　来るべき非暴力闘争はどのくらいの期間続くと予測できるか、闘争継続のために必須となるものは何か
六　どのような外的条件が非暴力行動に関係してくるか
七　どのような要因が非暴力闘争の概況に影響を与えるか

戦略・作戦を考えるときには、非暴力闘争陣は上記すべての要因に細心の注意を払わなければならない。

状況を読むときには、非暴力闘争者は以下の七点に注意を向けるべきだ。

一　非暴力闘争の背景をなす社会・政治全般
二　非暴力行動を起こす計画にしている地域の物理的な環境や気候

三　文化
四　伝統
五　非暴力行動集団が置かれている社会構造
六　相手集団の性質や目的
七　非暴力闘争の争点

とりわけ、非暴力抵抗集団は自分たちの陣営に関して、以下の六点を確認しておこう。

一　現体制内で不利益を受けてきた民衆にはどのような特性があり、非暴力闘争の参加者に見込まれる人たちにはどのような特性があるか？
二　非暴力抵抗者の確定数や見込み数はどれくらいか？
三　現在そして将来、非暴力抵抗者は一般市民からどの程度支持を得られるか？
四　非暴力行動について抵抗者はどのくらいの知識を持っているか？
五　これまでに抵抗者が非暴力行動を試みた経験はどういったもので、非暴力闘争を仕掛けるのにどの程度長けているか？
六　非暴力抵抗者やその指導者はどのような資質を備えているか？

続いて、非暴力闘争陣は相手陣営についても、以下の六点を考え合わせよう。

一　相手集団はどのような人たちか？
二　財源・行政・鎮圧部隊の他、相手集団が思うままにできるリソースにはどのようなものがあるか？
三　相手集団の目的は何か？
四　相手集団が振るおうと企んでいる残虐行為はどの程度のものか？
五　相手集団の同盟者や支持者は誰か？
六　相手集団は自分たちの権力維持のためにどこまで非暴力闘争の参加者を当てにしているか？

他にも、積極的に行動しようとする意欲・相手から課される鎮圧を耐え忍ぶ技量・規律の徹底度・恐怖と暴力を退ける力量が非暴力抵抗者にどのくらい備わっているかを、闘争陣営が検討しておくことも重要である。加えて、抵抗者がどこまで熱心に非暴力闘争に献身できるかを検討しておくのも大事だ。

さらには、戦術を練る際は、非暴力闘争陣は自分たちがどのような類の鎮圧を被ることが予測できるか、どのようにしてその鎮圧に対抗していくかを考慮する必要がある。一般の人々・

抵抗者・指導者がどこまで鎮圧に耐える覚悟を持っているかを問わなければならない。

適切な作戦のもとで実行に移されてはじめて、よく考えられた戦略は威力を発揮する。ただ、いくら巧みに作戦を立てて遂行したとしても、全体としての戦略が描ければ意味がなく、作戦だけでは包括的な戦略の穴埋めをするのは無理だろう。あくまで、さまざまな局面・集団・期間・戦術を検討したうえで戦略を練るのが先決で、その後に戦略に沿った作戦を選定するべきであろう。

非暴力闘争の特定の段階にさしかかったら、闘争者はひとつではなく複数の目的のもとに行動計画を立てるべきだ。もちろん、そうした目的は具体的に絞り込まれた達成可能なものでなければならない。闘争者が複数の目的のもとに非暴力闘争の作戦を考えておけば、少なくともそのうちのひとつを実現できる可能性が高くなるだろう。闘争者が目的をひとつだけにしてしまうと、相手が抜け目なくたったひとつのその目的達成を妨害してくる公算が高くなる。

戦術変更も非暴力闘争の一手になるかもしれない。それによって、非暴力抵抗集団のある一群が背負わなければならない任務や直面しなければならない危険を別の一群へと転換するのである。たとえば、疲弊していたり規律を失っていたりする一群から、疲弊がより少なかったり規律が保たれていたりする一群へと、戦闘要員を移し変えることができる。また、戦術を変更して、相手への圧力のかけ方を変える、もしくは圧力の度合いを強めることもできるだろう。さらに、非暴力抵抗集団の弱点を補強するような戦術の変更も考えられる。闘争者が多様な作戦や戦術を駆使できれば、非暴力闘争に変化を持たせ、（往々にして報道価値を高めて）世間の関心を呼ぶことができるだろう。

闘争戦略や作戦の計画・遂行にあたっては、非暴力闘争者は刻々と展開していく闘争状況に慎重に対応していくことが求められる。特定の行動がうまくいったなら、そこからどうすればよいかを考え、特定の行動がうまくいかなかったら、そこからどうすればよいかを考える。ひとつのキャンペーンが部分的に成功を収めたのであれば、やはり、その後どのような選択肢があるかを吟味する。予期しない（あるいは予期できない）出来事に対処する能力を十二分に養わなければならない。とりわけ重要なのが、闘争期間を通じて、非暴力抵抗者とその支持者候補になりそうな人々が士気を保ち続けてやる気を持続させること、策を打ち続けて行動を継続させることである。ある非暴力行動が功を奏さなければ、闘争者はプランを変更しなければならない。ともすれば、あえて闘争陣営がいったんは闘争の前線から退却するよう人々に呼びかけ、後により威力のある行動に移る準備をすることが必要な場合もある。

非暴力行動から生じる威力に代わるものや、その威力を得るのを手っ取り早く助けてくれるものはない。非暴力闘争中に損失を被り、苦境に陥って、闘争に持ちこたえられるだけの勢力や実力を欠くときには、闘争者はその事実を認め、冷静に対応することが求められる。決して、手遅れになるまで手を拱《こまね》いてはならない。攻撃に耐えられるような地点まで秩序を保って撤退する術を知っておくべきだ。そして、弱点を矯正する方法を探るのである。

反対に、相手側が重大な弱点を露呈させたとき、あるいは、非暴力抵抗者側の勢力が予測していたよりも強大なときには、抵抗集団が非暴力行動を一気に加速させ、ただちに戦略遂行を進めるのが妥当だろう。

・武器の選定

立てた戦略をもっとも有効に遂行して最大限の成果を生み出すためには、どのような非暴力の武器（という名の特定の戦術）を用いるかを、闘争者は入念かつ賢明に選りぬく必要があるだろう。すでに実用的な一九八の戦術は列挙したので、戦術についてはそちらを参照していただきたい。ただ、やはり既述のとおり、戦術は一九八通りにとどまらず、他にもあるはずだ。いずれにせよ、一九八のレパートリーのうち、ボイコット、ストライキ、市民の不服従、二重の統治機構などは、実際に役立つ戦術の最たる例である。

繰り返すように、非暴力の戦術は主に三つに分類できる。それぞれの特徴を再確認しておきたい。

一　抗議・説得

この戦術の主な効果は自分たちが唱える異議を他の人々にも自覚させるような象徴的な影響を及ぼさせることである。

二　非協力

この戦術によって多数の人々や団体の参加を得て規律ある勢力を生むことができれば、相手方の体制が通常どおり稼働し効率的に機能するのを妨げられる。究極的な状況では、その権力体制の存続を脅かすだろう。

三　介入

上記二種類の戦術と同様の性質を持っているが、この戦術に限った特徴として挙げられるのは、多くの場合、相手方の体制にいっそう直接的な挑戦をつきつけることができる点である。人々が勇気と規律を持ち続ければ、少ない人数で大きな効果をもたらすことが可能だ。

非暴力闘争の戦術を選ぶときに闘争者が検討すべき多数の項目のうち、主要なものは以下の五点にまとめられる。

一　状況・非暴力闘争の争点
二　非暴力抵抗集団と相手集団の特徴
三　抵抗戦略
四　予測される鎮圧

五　非暴力闘争状況の見通し

これらはいずれも重要だが、このうち最重要項目は、非暴力抵抗集団が相手集団にどのようにプレッシャーをかけていくかという抵抗戦略だろう。

戦術を選定するにあたって、非暴力闘争者は以下の四つを考え合わせておくこともできる。

一　すでに策定した大戦略や戦略を実行するうえで、検討中の戦術は有効だろうか？

二　検討中の戦術はどのような影響をもたらすだろうか、そして自分たちの戦略とどうマッチするだろうか？

三　検討中の戦術によって、非暴力闘争で勝利を収めるのに不可欠な一定の圧力を相手に加えることはできるか？　なお、その一定の圧力というのは、変革をもたらすのに必要だと見込まれる圧力のことで、相手に経済的損失を負わせること、相手の政治的立場を弱体化させること、相手の統率力を失わせること、相手に心理的影響を与えることなどが該当するだろう。

四　検討中の戦術は自分たちが構想した（たとえば、相手との調停で妥協案を成立させる、暴力を用いることなく相手に要求を飲ませるといった）状況変化を生み出して闘争勝利を導くのに、思うような効果をあげるだろうか？

非暴力闘争者は戦術を考える際に、もうひとつ問うてみよう。たとえ検討中の戦術が戦略を実行に移すうえで直接的な戦力にはならず、必要なだけの圧力をダイレクトに相手に加えることがないにしても、せめて、相手に間接的な圧力をかけ、じわじわと戦果をあげることはできるだろうか。そうした戦術は一見遠まわりのようであっても、少なくとも相手にプレッシャーをかけ続ける働きをして、非暴力抵抗者の士気を上げる、あるいは、相手の士気を下げるかもしれないのだ。

ほかにも、戦術を選定するにあたって非暴力闘争者が検討しておくべき要素はある。ただ、そうした検討は闘争戦略を立てるそのときに行わなければならないことに闘争者は注意すべきである。

非暴力闘争者が戦術を選ぶにあたって心に留めておかなければならないのは、誰かを極めて危険な禁止事項に踏み切らせるよりも、命令事項を思いとどまらせるほうがたやすいかもしれないということだ。それでも、非暴力闘争の参加者に相手への協力を思いとどまらせる非協力という戦術が思うような成果をあげるには、多くの場合、かなりの時間と人員を要する。また、非暴力での介入という戦術の多くは限られた期間にのみ実行可能である。そのため、参加者がその戦術に長け、頼りになり、自制心を備え、確固たる意志を持っていることが前提となる。通常は、介入戦術で成果を得るためには、他の戦術と組み合わせて用いることが多いので、闘争者は極めて念入りに事前準備をする必要がある。

闘争が長期間におよぶ場合は、闘争者は非暴力行動を段階的に計画していくべきだ。闘争者が段階的な行動計画を検討するときに最も重要な事項のひとつは、選択した戦略が順序だっているかという点だろう。闘争者は次の新たな戦術段階に進むタイミングはいつかを注意深く判断しなければならない。静止せずに、絶えず状況を動かしていくことが求められる。

一般的に言えることは、抗議から非協力へ、そして非協力から介入へと、ある非暴力行動の負荷レベルから次のレベルへと移行していくにつれ、それに伴って人々を危険にさらす鎮圧の程度も酷くなるということである。逆に、介入の代わりに非協力を選択してレベルを下げれば、人々がそこまで厳しい鎮圧を受けることはなく、一触即発で危険な闘争状況に陥らずに済むケースもあるだろう。特定の戦術がその後の進展にどのような影響をもたらすかを闘争者が見極めることは、ことのほか重要である。相対する集団の態度と力関係が変動している、各集団への支持率が推移している、非暴力行動集団がよりインパクトの大きな戦術に切り換える見込みがついているといった側面から戦術の影響力を測ることができる。

最後通牒

相手との交渉で満足のいく結果を手にする兆しが見えないなら、非暴力闘争者は闘争の基本戦略と初期段階の作戦を決定し、多岐にわたる組織的な準備を完了させなければならない。そのとき、ケースによっては、特にガンディーが率いたような不服従運動のケースでは、次なるステップは最後通牒であろう。ただ、ほとんどの場合は最後通牒を突きつけないで闘争が開始される。そもそも非暴力闘争集団が最後通牒という考え方を知らないから、非暴力闘争の戦略家が相手に奇襲攻撃を仕掛けようとしているから、すでに非暴力闘争が散発的に発生しているからなど、闘争集団が相手集団に最後通牒を渡さない理由はさまざまである。

非暴力闘争集団は最後通牒に要求を明記する。決められた日時までに相手方が要求をすべてのめば（あるいは要求の大半をのめば）、攻撃計画を破棄する用意があると申し出るのである。問題になっている事柄に関して双方が納得する解決に至らない場合の結末も、最後通牒で明白にしておく。その結末とは、非暴力闘争の開始宣言にほかならない。相手に衝撃を与え、世間一般に波紋を広げ、現体制内で不利益を被ってきた民衆がともに行動に立ち上がろうとする士気や意志を高めるのが、闘争者が最後通牒を出す目的である。なお、相手の面目を保つ余地を与えるような文面で闘争者が最後通牒を言い渡すこともあるだろう。

非暴力闘争集団が相手方と交渉を行う中で、人々の共感が非暴力闘争集団の側に集まり、関係者すべての目に相手側が悪者に映ることがあるかもしれない。なるべく闘争の火ぶたを切らないようにと、非暴力闘争集団が長期間にわたって誠実に交渉を続け、平和裏な解決を真剣に模索した場合は特にそうした状況に至るであろう。時として、闘争者の最後通牒は一般的な公式宣言の形をとって提出されることがあるだろう。一定期日までに要求が受け入れられなければどのような事態になるかを正式に相手に通告するのである。闘争者はそうした最後通牒の通達自体を段階的な抵抗運動計画の一段階に位置づけることができるだろう。また、自分たちが平和的な解決を目指して最後まで努力した証拠として、最後通牒を突き付けるという手もあるかもしれない。さらに、内では攻撃的な非暴力闘争の準備に勤《いそ》しみながら、外には防御の姿勢を保っているように見せかけるためにも、最後通牒を利用できるかもしれない。

そうした最後通牒によって相手側が自分たちに降伏する見込みが高いと期待するほど、非暴力抵抗者は単純ではあるまい。相手がそのような通告を自分たちの権威に対する不当な挑戦と捉え、自分たちに従属すべき立場の人間が極めて不届きな行いをしていると見なす可能性は高い。相手は怒りをあらわにし、進行中の交渉を打ち切り、最後通牒を徹底的に無視し、最後通牒は自分たちにではなく自分たちに付き従う役人に向けられたものだと言い張ったりするだろう。はたまた、最後通牒を冷静に受領するかもしれない。

相手が最後通牒を受理したなら、それは非暴力抵抗者が行動を起こすべきときがついに到来したという合図である。

第一〇章　権力への挑戦者にふりかかる鎮圧

雷鳴の轟き

人々が行動を開始するときは、自信と内面の強さを培うときでもある。非暴力抵抗者は集団を組織し、行動を起こし、多くの人を結集していかなければならない。非暴力行動を立ちあげることで、それまで誰かに従属してきた人たちの勢力を動員し、その人たちが自分の力で自らの生活をコントロールできるように導くことができる。非暴力行動にたずさわることで、その人たちは自信を獲得し内面の強さを養うことができるのだ。おそらく、「自分を信頼せよ」という言葉が抵抗者にうってつけのスローガンだろう。人々が非暴力行動に打って出るということは、服従的で消極的な態度を捨て去ることを意味する。闘争者が非暴力運動の初期段階の戦略をどうするか、最初の戦術としてどのような行動を起こすかは、運動ごとに大きく異なるであろう。

非暴力闘争集団と相手集団との間には、潜在的に対立構造が横たわっている場合が多い。闘争集団が非暴力行動を開始した途端、両者の間にはそうした基本的な対立構造が露わになり、その対立の動きが加速する。アフリカ系アメリカ人の公民権運動家ジェームズ・ファーマー〔一九二〇〜一九六九〕は、そうした社会の対立構造を「創造的な対立・緊張関係」と呼んだ。そのように、従来の対立・緊張関係は両者が新たな関係を創造する機会でもあると捉え直せば、変革を生み、対立構造を根底から解消していくことが可能となる。

アフリカ系アメリカ人で奴隷制廃止運動家のフレデリック・ダグラス〔一八一八〜一八九五〕の言葉は、非暴力闘争の主唱者の心をとらえる。ダグラスは、次のような感銘を与える言葉を残している。

> 自由を望むが社会運動には加わらないと明言する人々は、土を耕す苦労をせずに収穫物だけを欲する人たちと同じです。雷鳴や稲妻の恐怖に耐えずに恵みの雨だけを欲する人たちと同じです。すさまじい波の轟きの恐ろしさに耳をふさいで穏やかな凪の海だけを欲する人たちと同じです。自由を求める闘争は道徳的なものかもしれません。もしくは、道徳的かつ物理的なものかもしれません。いずれにしても、自由を求めるには戦闘が必要なのです。人は要求を訴えてはじめて、権力譲渡を実現させることができるのです。

また、他の非暴力闘争の主唱者の主張によると、非暴力闘争を闘いぬいてのみ、人は深刻な対立の局面にあっても消極性を克服し暴力を退けながら、納得のいく解決を導き出すことができる。

それまで不利益を強いられてきた民衆は、非暴力闘争に加わることで何らかの変化を経験するだろう。心理的な変化もその一環であろう。おろおろと服従の態度をとる・絶望感を抱く・無気力に陥る・消極的になるといった否定的変化だけでなく、自尊心が高まる・自信が湧く・自分に備わっている力を覚知するといった肯定的変化も見られるようになる。

そうした心理的変化に加えて、これまで不利益を被ってきた民衆は、政治により直結するような変化も経験するだろう。つまり、他者とともに目的達成のために行動を起こす方法を学ぶのである。

非暴力闘争者が相手への合意・協力・追従を拒否することが、相手の体制に異議を唱えることになるだろう。なぜなら、人々の合意・協力・追従こそが相手の権力の源泉を潤しているからだ。非暴力闘争者がどのような形態の行動を用いるか、そこにどれくらいの人が参加するか、参加者がどのくらい鎮圧に持ちこたえられるかによって、闘争者サイドがどこまで厳密に相手への合意・協力・追従を撤回して相手方の権力に対抗できるかが決まってくるだろう。闘争者は社会的・政治的環境も考えておかなければならない。そうした環境要因に含まれるのは、相手方の体制はどこまで市民の不服従の態度を許容できるか、市民はその体制にどのような姿勢でのぞむか、市民の間で抵抗勢力が広がる見込みはどのくらいあるかといった事柄である。

非暴力闘争集団が相手集団にどれほど厳しい姿勢で挑むか、社会的・政治的環境が各陣営にどの程度有利に働くか、この二つの変数のバランス次第で、非暴力闘争集団の挑戦の最終的な結果が変わってくるだろう。相手側の奮闘はたしかに結果に重大な影響を与えはするが、それ自体が決定的な結末をもたらすわけではない。そのことは相手方が非暴力闘争集団に課す鎮圧を例に考えてみても明らかである。相手側は優位に事を運ぼうとして、非暴力闘争集団に鎮圧を課し、闘争集団を自分たちにふたたび追従させようとする。だが、相手集団がいくら頑張っても闘争集団が追従しない場合がある。後述するように、そのような状況のもとでは、鎮圧が逆にあだとなって、結果的に闘争集団の抵抗姿勢を強めることになるかもしれない。

初期の力関係の変化がもたらす二極化

非暴力闘争が開始するやいなや、ほぼ確実に、闘争者と相手の間の対立は激化するだろう。その中で、両者の対立構造がより鮮明に浮き彫りになり、社会にも波紋を呼び、従来はどちらの側にもくみしなかった人々が一方を支持するようになるであろう。もともと闘争者側にくみしていた個人や団体は、さらにそのスタンスを強めて支持を固めるに至るだろうし、同様に、もともと闘争相手側にくみしていた個人や団体も、さらにそちらの立場に傾倒するようになるだろう。どのような形態の闘争であっても、闘争の火ぶたが切って落とされた初期段階では、このような不安定さや不確実さがつきもののようだ。

非暴力闘争の初期段階でこのように闘争者と相手との間の二極化状態が続くのは、短期間かもしれないし長期間かもしれない。どちらにせよ、非暴力闘争者にとって特に重要なのは、この二極化状態が続く間、極めて慎重に行動することである。というのも、この期間の各陣営の行い次第で、おのおのが人々からの支持を集められるかどうかが決まるからだ。それまで不利益を受けてきた民衆が非暴力闘争に加わって闘争陣営に入った場合、初めの頃はその人たちは闘争に加わる前のかつての頃よりも困難な状態に陥るだろう。従来の困りごとに加えて、今や相手から課される鎮圧にも同時に対処しなければならない。しかし、それでも規律を保ちながら非暴力闘争を続ければ、やがて相手の陣営内に不協和音を生じさせ、人々が相手集団の支持にまわるのを阻止し、反対に闘争集団を支持するように人々に働きかけることができるだろう。

非暴力運動のキャンペーンがいくつかうまくいくと、非暴力戦闘集団は集団内の団結力を高め、自分たちが要求する問題是正をめぐって人々から幅広く支持を集められる。そうして、相手方に寄せられている支持を分断し、分裂させることができる。闘争戦略の核となる非暴力の原則を貫いて運動を続ける場合にのみ、このような変化が生じるようだ。非暴力抵抗者は自分たちの従来の支持者や第三者の間だけでなく、相手方の支持者の間にさえも、引き続き（人数その他の）勢力を拡大するよう行動していくべきだ。

したがって、非暴力闘争の期間中、対立する各陣営の勢力は、絶対的かつ相対的に絶えず変動にさらされる。大幅にそして急速に、変動が起こることもありえる。

ゆえに、非暴力行動者の動きは、非暴力行動集団の勢力だけでなく、相手側の勢力にも影響を及ぼすだろう。それだけでなく、第三者はその動きを見て非暴力行動集団・相手集団のどちらの支持にまわるかを決めるであろう。

このように非常に活発で絶えず変動する闘争状況では、非暴力闘争者の特定の行為が、良くも悪くも、闘争集団・相手集団の双方の勢力に甚大な影響を与えることがある。それもかなり広範囲かつ顕著に及ぶ。ということは、たとえ限定的な行為であっても、何らかのアクションを起こす際にはいつも、闘争者は闘争全体への影響を大局的に考えたうえで行動を選択し、評価をする必要がある。非暴力抵抗勢力が全体的に弱体化し、逆に相手側の勢力が増強されている状況をないがしろにして、抵抗集団が一時的に優位に立ち「成功」をおさめてみても、それが抵抗集団側にとってほんとうの成功なのかはきわめて疑わしい。むしろ、非暴力闘争の初期に二極化が顕著になった後、段階をへて非暴力抵抗者の勢力が相対的に強まっていくことのほうが、抵抗者にとっては短期的な成功よりもはるかに重要だろう。それが闘争のその後の行方や最終的な結末を左右するからである。

相手が初期段階で直面する問題

非暴力闘争集団に対峙する相手集団がまずもって直面する問題は、現状の支配体制を覆そうとする闘争集団からの挑戦に何らかの対応を迫られる事態にまつわる事柄である。混乱の形態・範囲・程度はさまざまだろう。相手側が（心理的な面および封止策の面で）闘争集団の行為をどこまで許容するか、その行為にどう反応するかは一概には言えず、闘争期間を通じて変わるかもしれない。相手方が闘争集団の異議申し立てをどの程度容認するかは、双方が一端をなす社会がどこまで民主的あるいは非民主的であるかで変わってくるだろう。また、非暴力行動に対処する中で、相手陣営では、メンバーがその封止策をめぐってもめたり、それが内紛になったりすることもある。

一方、非暴力抵抗者は自分たちの意図や活動についての誤解を防ぎ、正す必要がある。そのような誤解が関係者すべてに悪影響を引き起こすかもしれないからだ。

闘争集団の非暴力行動を目の当たりにして、相手や相手に付き従う役人が困惑することがある。それは、相手方が事態の展開に驚いてのことだったり、非暴力行動になじみがなかったりすることによるのかもしれない。ただし、そのような困惑が一概に闘争集団やその集団の目的に有利に働くとはかぎらない。それでも、闘争集団の抵抗姿勢が相手集団の世界観に脅威を与え、相手側を戸惑わせることはありえる。その世界観とは、相手方が公にしているイデオロギーや主義にもとづくもので、いうなれば、政治でもっとも強大な威力を持っているのは国家権力と暴力であるという見方だ。闘争集団の抵抗が相手集団のそうした見方に揺さぶりをかけるのだ。他の要因も相手側を当惑させるよう働く。たとえばそれは、相手方の従来の姿勢で、もともと自分たちを取り巻く事態に対して過度に楽観的で、自分たちを過度に高く評価する傾向のある相手は、非暴力で抵抗を受けたときには混乱をきたす。

非暴力という手法がもたらす驚異や目新しさによって、非暴力闘争の効力が生じるのではない。むしろ、非暴力行動の特質そのもの、抵抗戦略の選択、活動家のスキル、活動家の勇気や規律といったものが、その効力を左右する。

多くの場合、非暴力闘争集団の挑戦に相手集団は感情的に反応するだろう。大概は、闘争集団からの抵抗を受けて、相手集団は侮辱されたと感じ、屈辱を味わい、その抵抗を無礼な行為と批判し、自分たちの権威や立場が拒絶されたと受けとる。実際の争点をわきに置いて、闘争集団がつきつけた挑戦によって湧いてきた感情のほうを重視するかもしれない。したがって、自分たちの権威や立場を言葉にして承服すること、もしくは非暴力行動を中止すること、はたまた、その両方を、闘争集団に強要してくるだろう。どうであっても、闘争集団がいうことをきかなければ、闘争集団との交渉には応じないであろう。

反対に、相手方が自分たちの尊厳や権威に対する挑戦をさほど気にかけず、目の前の争点のほうを重視する場合もあるかもしれない。いったん非暴力行動の威力を認めると、相手側はその抵抗を終息させるために、闘争集団の要求を一部のんで譲歩することもあるだろう。譲歩といえば、非暴力闘争が始まってかなりの期間が経過してようやく、相手集団が闘争集団に大幅に譲歩するケースもあるようだ。相手方が譲歩するということは、つまりは相手の側が非暴力運動の真の強さを認めたということである。そうでなければ、相手側は主要な点ではなく、比較的重要でない点にしか譲歩の姿勢を示さないかもしれない。決起して非暴力運動に立ち上がった人々は、そうした不十分な譲歩には満足しないだろう。

時として、自分たちの使命や義務を忠実に果たすためには、譲歩、妥協、降伏などもってのほかだと、非暴力闘争の相手方は頑として動かない。ただ、そうした頑なな信念よりも厄介なのは、特定の争点に同意してしまえば、すべての争点に同意しなければならなくなると相手方が恐れている場合だろう。相手集団がこのような恐れを抱いていると、闘争集団の目標達成はよりいっそう難しくなるであろう。

再び自分たちに追従し、非暴力闘争から撤退するように抵抗者を仕向けようと、相手側は鎮圧ではなく心理的な影響力を利用しようとするかもしれない。そのような折には、非暴力抵抗者に向けて「あなたたちは闘っても勝ち目はないし、実際のところすでに勢力を失いつつある」といったメッセージを発信するだろう。意図や指揮も含め非暴力運動に関して、事実とは異なる噂をまき散らすであろう。また、非暴力運動を支持する集団を分裂させようとし、指導者間の対立を煽ろうとする可能性もある。さらには、躍起になって既存の政策を正当化し、闘争集団の要求には正当性がないと主張して、より直接的に闘争集団を封じ込めようとするかもしれない。相手集団がここまで必死になるのは、闘争集団に向けられ、固まってきている人々の支持を握りつぶそうとしているからなのだろう。

非暴力抵抗者の要求を認めたくなかったり認めることができなかったりすると、相手が抵抗者たちに鎮圧を課すケースが多々ある。

そのように鎮圧を課すということは、相手が非暴力での挑戦の深刻さを認めた証である。時に、鎮圧の厳しさは非暴力での挑戦の厳しさに比例するだろう。だが、そうした比例関係が基本パターンだとは決して言えない。

ある状況下では、非暴力闘争集団の反抗に終止符を打ちたいという欲求を、相手集団はもっぱら具体的な形で表わすだろう。だが、非暴力行動の範囲が広がり、闘争集団の勢いが増したような別の状況下では、相手方は闘争集団の抵抗を止めなければならないというプレッシャーに圧倒されるだろう。闘争集団の激しい挑戦に持ちこたえられない場合は、相手方の体制はひときわ圧倒される。相手が国家そのものであるとき、または、相手が国家から支援を受けた何らかの組織であるとき、闘争者に制裁を課すとなれば、警察・刑務所や軍隊を巻き込む事態になるであろう。非暴力闘争集団から加えられた重圧に対して、相手集団がこのように反応することを鎮圧と呼ぶ。

鎮圧

信念をもってことに当たっている非暴力抵抗者は、相手が鎮圧を課してきても驚かないだろう。ただで自由を勝ち取ることはできない。それには代償を伴う。相手が鎮圧を加えると決断したのを察知するやいなや、非暴力抵抗者は以下の三点を確認しなければならない。

一　相手はどのような方法で鎮圧を行うだろうか？
二　鎮圧を課すことで、相手は自分たちの目的を達成できるだろうか？
三　非暴力抵抗集団や他の人々は鎮圧にどう反応するだろうか？

相手が公言してから非暴力抵抗者に制裁を課す場合もあれば、意図して公言せずに制裁を課す場合もあるだろう。相手が抵抗者に制裁を加えると脅迫してみたり、不意打ちで制裁を加えてみたりするケースもあるだろう。時に、相手は抵抗者への制裁のために警察や軍隊を出動させる。後述するように、他にも、抵抗者を挫《くじ》くために統制や操作といったより間接的な制裁や、あえて暴力をはたらかずに抵抗者にいやがらせをする逆非暴力の制裁を試みるかもしれない。

このように、非暴力抵抗者があらかじめ予測できる制裁には多様な形態があり、制裁の圧力の程度もさまざまだろう。相手側が抵抗者に加える制裁措置は多岐にわたるが、そのカテゴリーは把握してもらいたい。

・連絡・情報統制

連絡・情報を統制するために、あらゆる種類の公共情報の検閲、特定の新聞・書籍・冊子の発刊禁止、特定のラジオ・テレビ番組の放送禁止が言い渡されるだろう。これ以外の方法によっても、（郵便・電子メール・電報を傍受したり、電話の会話を盗聴したり、活動や会議を盗撮したりすることによって、）相手方は誤ったニュース報道を拡散し、非暴力闘争集団のメンバー間やその集団の部署間の私的なコミュニケーションを切断するだろう。

・心理的圧力

人に心理的圧力をかけるのには、罵詈雑言を浴びせる、村八分にする、寝返りや計画の変更を耳打ちしてそのかすといったやりかたがある。相手はこうしたやり口で非暴力抵抗者に心理的プレッシャーをかけるだろう。他にも、さまざまな事柄をほのめかして脅迫をする、非暴力抵抗集団のうち少数のメンバーだけを厳しく処罰して「見せしめ」を行う、家族や友人や他の無実の人々に報復する、厳しく心理的に圧迫するといった方法で、抵抗者を精神的に追い詰める。

・物品押収

物品押収は不動産・資金・文献・文書・通信記録・事務所・備品を差し押さえるという形で行われる。相手はそうした非暴力闘争者の所有物を没収するだろう。

・経済制裁

裁判所や役人がとる措置から、よく知られている経済ボイコットに至るまで、経済制裁措置の種類は多種多様だろう。相手は非暴力抵抗者の生活手段をはく奪するために、直接的あるいは間接的な手段を講じるかもしれない。そうした手段のうち特によく用いられるのは、仕事の解雇・ブラックリストへの氏名掲載・公共施設の利用差し止めなどである。

・禁止令・禁止事項

人々の特定の形態の行動や活動を禁止するのに、統治機関が命令を公布するかもしれない。非暴力闘争集団の組織を違法組織と宣言する、市民会議や集会を禁じる、夜間外出禁止令を発する、裁判の差し止め命令を出す、といったことは闘争集団の動きを封じるための相手集団のやり口の一部だろう。

・逮捕・投獄

逮捕や投獄は国家の法律や規則に従わない者を罰する手段である。闘争者を非暴力運動のかどで重罪・軽罪で逮捕する、非暴力行動に無関係の罪やでっちあげの罪で闘争者を逮捕し法的にいやがらせをする、非暴力闘争集団の交渉人・代表・リーダーを逮捕してさまざまな実刑判決を出すなどの前例がある。

・例外的規制

特異な形、または通常より厳格な形で、相手が闘争者の当たり前の市民的自由を阻止し制限することが例外的規制に該当する。反抗やさまざまな形態の非協力の行動を裁く新たな法律や規則を制定する、非暴力抵抗者の人身保護令状やその他の権利を一時的に停止する、戒厳令や非常事態宣言を発する、特別部隊を動員するといった方法で、相手は闘争者の自由に制限をかける。単なる抵抗行為よりもさらに重い共謀や扇動の罪で、抵抗者を起訴するだろう。抵抗者を徴兵し、徴兵後は規律を守らないという理由でその抵抗者を軍法会議にかけるかもしれない。また、抵抗を続ける集団を一気に大量に国外追放する可能性もある。抵抗者一個人に対しても、国外に追放する、裁判を行わないまま留置する、強制収容所への入所を余儀なくするといった暴挙に出ることもありうる。

・直接的な身体暴力

直接的な身体暴力を伴う鎮圧の形態や程度は一様ではないだろう。相手側が目の前の非暴力闘争の状況や問題となっている事柄をどうとらえているかによって、相手方が非暴力闘争集団に課す鎮圧の形態や程度は変わってくるだろう。闘争集団が乱した「秩序」を回復するために、かつ、闘争集団が人々から協力・支持を獲得しようとするのを妨害するために、相手集団は闘争集団に鎮圧を課す。

そうした中で、相手陣営が鎮圧の種類や度合いを決めるうえで重大なファクターは、相手の側が非暴力行動の性質をどのように理解しているか、鎮圧の効果をどう見通しているかという点であろう。相手方はかなり入念に計画したうえで闘争集団に鎮圧を行うかもしれないし、思い付きで行うかもしれない。非暴力闘争が勢いを増すにしたがって、その勢いづいた闘争集団にますます厳しい鎮圧を課すことになるだろう。鎮圧を課されても闘争集団が相手集団に追従しない場合、さらに鎮圧に頼ることになるだろう。他にもさまざまな手を使って、闘争集団を鎮圧で押さえこもうとするかもしれない。

鎮圧の効果を削ぐ極意

相手から直に身体的暴力を加えられてもなお、抵抗者が非暴力闘争を成功に導くうえで鍵となるのは、抵抗者が相手への追従を断固として拒否し、規律を維持することである。

一般的に言って、非暴力で抵抗する者に鎮圧を加える場合よりも、暴力で抵抗する者に鎮圧を加える場合のほうが、鎮圧する側の手ごたえは大きい。勢いにのった非暴力抵抗者を相手が鎮圧する事態になっても、抵抗者がそうした制裁をものともしなければ、結果として、抵抗者を服従させるという制裁の本来の効力は失われることになる。抵抗者が刑務所に入るのを恐れなければ、投獄という制裁措置は効力を失う。制裁を恐れなければ、抵抗者は公然と法律に背き、収監を希望するかもしれない。もっとも厳しい鎮圧を課すよう相手に頼む抵抗者さえ出てくるかもしれない。時に、反旗を翻す人の数が大規模になりすぎて手に負えなくなり、相手は抵抗者に鎮圧を加えるのがままならなくなるだろう。そうなると、鎮圧は意味をなさなくなるであろう。

非暴力闘争の継続

鎮圧に直面したとき、非暴力抵抗者に許されている対応はただひとつ、鎮圧を乗り越えることである。鎮圧を乗り越えるためには、非暴力抵抗者は自分たちの非暴力の行動を貫き、相手に追従したり、闘争から退却したりすることを拒まなければならない。鎮圧を受けて非暴力運動が弱まっていることが何らかの形で相手に伝わると、十分に厳しい鎮圧を課せば抵抗者を服従させることができると相手に証明してみせることになってしまうだろう。

抵抗者が恐れをものともしないことや意図的に恐怖心を制御することが、非暴力闘争のこの段階でとりわけ肝心である。非暴力抵抗集団が断固とした姿勢を貫いて大勢で相手集団への協力を断てば、相手方を威圧することができるだろう。同様に、抵抗者が辛抱強く相手への挑戦を続ける姿は、人々からの共感を集めることにも結びつくだろう。鎮圧に直面し、その先の処罰の脅威にさらされても、闘争の指導者が実際に勇敢で不屈であること、なおかつ、外からもそう見えることが、特に重要である。

抵抗者が特定の非暴力の戦術を状況に応じて適切に用いて戦力を発揮すると、相手が抵抗者を鎮圧で封じ込めるのに難儀をすることがあるだろう。また、そうすると、抵抗者が相手からの鎮圧をたやすくしのぎ、厳しい残虐行為の試練をくぐらなくてもよくなることもあるだろう。そのようなケースに該当するのは、たとえば、自宅待機という行動である。自分たちにマシンガンが向けられるまったただなかで行進するよりも自宅で待機をすることは、抵抗者にとってその時点での妥当な戦術で、そうすれば容易に鎮圧を避けることができるだろう。

ただし、非暴力で鎮圧に対抗するという指針から逸脱しようと作戦や戦術を変更することは非暴力闘争者には一切許されない。あくまでも、闘争集団は勇敢に、絶え間なく、平和裏に闘うのみである。

鎮圧を受けたときの行動

相手が加えてくる鎮圧に忍耐強さと勇気をもって立ち向かっていくためには、非暴力抵抗者は制裁にひるまず持ち堪える覚悟をしなければならない。

非暴力抵抗者が被る苦痛を一概に言い表すことはできない。その影響もひと通りではない。もともと勇敢な人にとっての苦痛のインパクトと追従的な人にとっての苦痛のインパクトは根本的に違う。

非暴力行動を立ち上げようと計画する者は、参加志願者が苦痛に耐えようとする強い意志をどこまで持っているかを考え合わせる必要があるだろう。また、相手から鎮圧を受けても、ものともせずに手向かっていけるだけの固い覚悟が参加志願者にどこまであるかも考慮しなければばならないだろう。
　そうした非暴力抵抗者の忍耐強さがさまざまな影響を及ぼす可能性がある。以下にそのうちの二つを示す。

一　鎮圧をものともせず、支配者に服従するのを拒む大勢の挑戦者は、支配者に数的・量的影響を与えるだろう。事態を統率し、政策を維持しようとする支配者側の裁量を著しく制限することになる。

二　鎮圧を跳ね飛ばして持ちこたえる非暴力闘争集団の姿は、関係者に心理的、質的影響を与えるだろう。相手・相手の支持者・第三者・その他大勢に波紋を広げることになる。

　相手が非暴力抵抗者に比較的緩い、控えめな鎮圧を課す場合もあれば、残虐行為を伴う激しい鎮圧を課す場合もあるだろう。

残虐行為を受けたときの行動

　非暴力抵抗者に向かって相手が残虐行為をはたらくケースは三つあるだろう。第一は、相手方の体制が日常的に恐怖政治を行っている場合である。第二は、非暴力抵抗者を押しつぶすにはそれまでの姿勢を抜本的に変更して圧政的な姿勢に出るしかないと相手方の体制が判断する場合である。第三は、地元の役人だったり軍隊または警察に属する個人だったりが上層部の命令を待たずに、はたまた一般市民までもが加わって、率先して手ひどい仕打ちにかかる場合である。

・公的残虐行為と私的残虐行為

相手が自分たちをむちで打ち、殺害し、大量に殺戮することは、実際に起こりうるのだと非暴力抵抗者が警戒しておくことは重要だ。そのうえで、非暴力の技術が効力を発揮するための条件を鑑みつつ、残虐行為にどう対応していくかを決めることが大事である。

一般に、政権や体制が独裁的であるほど、その政権や体制が非暴力抵抗者に過激な残虐行為をはたらく可能性が高いだろう。とりあえず言えるのは、日頃から何かといえば暴力に訴える統治機構はいずれも、非暴力行動という挑戦を受けると、やはり暴力で報いるだろうということである。

・決然とした態度の保持

危機的状況の対処法に通じている非暴力抵抗者は、相手が残虐行為をはたらいても驚きはしない。残虐行為を受けて、抵抗者が相手に挑戦するのをやめたり、相手に暴力をふるったりという対応をしてしまうと、どちらの場合も非暴力闘争に深刻なマイナス影響を与える可能性がある。非暴力闘争の効力を発揮しようとするなら、抵抗者は残虐行為や苦痛を耐え忍ばなければならない。その中で、恐れを知らぬ心を持ち続け、闘争戦略の核となる非暴力の原則を維持し、自分たちの意志を毅然と貫くことが求められる。いくら残虐行為を加えようとも非暴力運動を打ち破ることはできないと抵抗者が相手に証明してみせるには、ある程度の時間と相当な苦難という犠牲が必要だろう。

非暴力抵抗者が払わなければならない犠牲はたしかに大きいが、抜本的な変革を起こそうとするなら、そうした犠牲は時に不可欠なのかもしれない。けれども、だからといって、抵抗者が持ちこたえられる限度を超えているのに、苦痛に耐えることや残虐行為を甘んじて受けることを非暴力闘争のリーダーが抵抗者に要求するのは、いかなる基準をもってしても、賢明な指揮とは言えないだろう。仮にそのように軽率な行動方針を実行に移してしまったとしても、指導者は独断的態度や頑固さでそれを押し通すべきではない。だが、確固たる立場をとること、よりいっそう大胆な行動をとることが必須のときには、決して引き下がるべきではない。

まれに、あえて激しい鎮圧を相手にけしかけるために、非暴力抵抗者が小規模の一団を結成して大胆で危険な行動を計画し、事を進めることがあるだろう。それによって、抵抗者は重大な危険に直面しても、主導権を握り、勇気をもって対処し、粘り強く立ち向かっている姿を陣営の内外に示すことができる。そうすれば相手側の勢力を弱め、なおかつ自分たちの士気を高めて鎮圧に対する恐怖心を和らげていくことが可能になるだろう。ただし、そこに至るには極度の慎重さが求められるので、通常はそのような行動は奨励できない。

非暴力闘争の勝利に連なる状況変化を複数のルートから生み出すために、抵抗者が手を変え品を変えて非暴力行動を駆使し、相手のエネルギーを一極に集中させないようにすると、相手は残虐行為を緩和したり中断したりするだろう。また、抵抗者に加える鎮圧の影響が自分たちにそのまま跳ね返ってきているのが明らかなときも、残虐行為の手を緩めるだろう。それは具体的には、非暴力闘争の相手集団の支持者がその残忍さを見かねて相手集団から遠のいている状況であり、人々が相手集団への抵抗の気風をますます高めている状況である。そうなってようやく、非暴力抵抗集団への鎮圧や残虐行為は逆効果であり、暴力行為を慎まなければならないと相手方は気づくかもしれない。ただ、たとえ抵抗者に降伏するのは時間の問題だという戦況になったとしても、相手方がもっとも残忍な鎮圧に打って出る可能性は消えない。

第一一章　鎮圧に対抗するための結束力と規律

団結して闘うことの重要性

鎮圧を受けたときこそ、非暴力抵抗者は団結し、闘争戦略の要である非暴力の原則・集団内の結束力・士気を維持し、闘争を継続する必要があろう。

おそらく、非暴力闘争の初期段階では、闘争集団は従来不利益を被ってきた民衆と自分たちは立場を同じくしているという認識でいるだろう。しかし、実際には、みなが終始一致団結できるとは限らない。闘争に参加して闘争集団を支持する度合いは、人それぞれであろう。そのため、闘争陣営は慎重に働きかけて、非暴力闘争参加者の集団としての結束力を高め、維持するよう努めるはずだ。

非暴力闘争で極めて重要なのは、闘争者が集団の士気を高く保っていることである。士気を向上させる主な方法を紹介しよう。

・非暴力闘争集団の和、参加意識、結束の維持

自分たちが闘っている目の前の運動がはるかに大きな社会運動の一端を担っていることを、非暴力闘争の参加者はつねに意識しておく必要がある。そのように意義のある運動に関わることで、ひとりひとりが闘争を継続していこうと後押しされ、活力を得るのである。参加者は他の参加者と結束していることをたえず実感できていなければならない。それには、定期的に参加者どうしが触れ合い、つながりあっているという「連帯感」を確かめあうことが大事だろう。大規模集会、行進、歌、パレード、団結のシンボルの着用などはそうした連帯感を養うのに役立つと思われる。参加者間で共通の理念を持つことや、運動家、指導者、支援者の集団間で連絡網を共有しておくことも、連帯感を高めるのに役立つであろう。

・非暴力闘争継続の動機づけ

参加者が非暴力闘争を継続させるという決意を揺らがせないように支える工夫が、闘争陣営に求められるだろう。自分たちが従事している行動は正当だ、達成しようとしている目的は価値のあるものだ、目的達成のために選択した手段は妥当だという確信を、参加者は持ち続けていなければならない。

参加者が非暴力運動について理解を深めるほどに、参加者の士気は高まるだろう。世間一般の人たちが受け入れている価値観と非暴力闘争の目標や戦術が合致するときや合致する可能性

があるときも、参加者の士気は強まるだろう。

・降参の余地の排除

時に、非暴力闘争の参加者は意気消沈し、疲労困憊になるだろうから、そうした場合には、闘争陣営は特に注意を払って、参加者のそのような感情を和らげる措置をとらなければならない。何より、当初から、参加者の落胆や疲労を防いだり最小限にしたりする対策を講じておくべきである。少なくとも、開始以後、参加者が闘争を支持し続け、誰も脱落しないことが非暴力闘争ではきわめて重要である。参加者の士気を維持するために闘争陣営が特定のサポートを行うのは有効かもしれない。その一環として、特別に娯楽の場をみなで持つことは無駄なことではないだろう。闘争参加のために本人やその家族が食料・住まい・お金などを欠いている場合は、闘争陣営がそうした物品を支給する基本的な取り組みを行うことが必要であろう。

ある時点で、指導者は非暴力闘争の一連の過程で生じる苦難に意味を見出すとよい。そこで何のための苦難なのかをあらためて参加者に示すことで、参加者がその苦難をこれからも耐えていこうと感じられるよう励ますのである。南アフリカの抵抗運動を率いたある指導者は、「ここ南アフリカの人々は毎日苦しんでいるのに、その苦しみがすべて無駄になっています」と参加者に訴えた。正義に報いるという大きな目的を掲げ、抵抗運動の参加者が民衆の苦しみを引き受けていけるよう導こうとしたのだった。

・自制あるいはペナルティ

暴力集団は身内がルールを守らないときには投獄や処刑といった罰を与えて集団に圧力をかける。しかし、非暴力集団は身内が規律に違反した場合にはそれとは根本的に異なる方法で集団を律し、集団内の支持を維持していく。非暴力闘争陣営では、運動に積極的に関与するよう参加者を励ますのに、言葉で説くだけで十分のこともある。規律違反の参加者に圧力をかけるのが妥当でないときは、別のアプローチを試すことができる。以下に非暴力集団内を律する一〇の方法を挙げる。

一　当人のために徹夜で祈る
二　公共の場で当人のことを祈る
三　当人を見張る
四　当人に罰金を課す
五　当人の名前を発表して違反を警告する
六　当人の会員身分を一時保留にする
七　当人への協力を拒む社会的ボイコットをする
八　当人への協力を拒む経済ボイコットをする
九　当人に抗議して断食をする

一〇　当人に対して非暴力の介入を行う

いずれも、あくまで非暴力の方法である。非暴力闘争陣営は参加者の身体に危害を加えると恐れさせたり、脅したりしてはならない。

このような非暴力での身内への働きかけが功を奏し、抵抗者が決然と闘争を継続させることができれば、相手が抵抗者に課す鎮圧はやがて甲斐なく失敗に終わるだろう。だからこそ、抵抗者は闘争戦略の核の非暴力の原則を貫かなければならない。

鎮圧の阻止

相手が非暴力運動を制御するのに苦心する理由のひとつは、暴力闘争であったなら使えるはずの鎮圧の手段が非暴力闘争では使い物にならず、鎮圧の手段が限定されてしまうことが多いからである。暴力で抵抗している人々に対してよりも、非暴力で抵抗している人々に対してのほうが、残虐行為や他の厳しい鎮圧を相手が正当化するのは難しい。実際のところ、そうした残忍な鎮圧に頼ると、相手の立場はかえって危うくなるだろう。この点については次章で詳しく述べる。

ある体制がどこまで世の中や体制内の意見を無視して平然といられるかは、もちろん、さまざまな要因に応じて異なるだろう。以下の四つはそうした要因の一部である。

一　体制がどのような状況に置かれているか
二　体制が特定の出来事を隠蔽するのを望むか否か
三　体制が特定の出来事によってどの程度脅威にさらされるか
四　人々の体制への意見が非暴力闘争陣営への支援や体制への抵抗に結びついていくか否か

鎮圧を受けても、非暴力闘争集団が闘争戦略の中核をなす非暴力の原則を貫き通すことができれば、闘争集団は鎮圧を著しく阻止し、相手にかなりの苦戦を強いることになる。こうした非暴力の有効性を裏付ける説得力のある証拠が実際にあがっている。

相手が選ぶ暴力

非暴力抵抗運動を鎮圧するには、一種特別な厄介さを伴うから、相手は事実を歪めて自分たちが暴力を振るうのを抵抗者のせいにして、その厄介さを回避しようとするかもしれない。また、抵抗者がわずかでも暴力的な行為をはたらけば、発生した暴力を逐一公表し、誇張して伝えるかもしれない。抵抗者が暴力を振るい、闘争戦略に沿わず非暴力の原則を破るよう仕向けるために、抵抗者を挑発するのさえ厭わないことも考えられる。そうした中でひとたび抵抗者が暴力をはたらいてしまえば、相手方はそれを絶好の口実にして、自分たちの暴力的な鎮圧を「正当化する」。そこで、非常に厳しい鎮圧を課したり、スパイやおとりを雇ったりして、抵抗者をけしかけては暴力を振るわせようとするだろう。

だが、相手がそのようなやり口で闘争者の暴力を煽ったことが曝露されてニュース報道で公になると、相手の従来の支持基盤や権力の座の一部が壊滅的なダメージを受ける可能性がある。闘争集団が規律ある非暴力抵抗を貫いてさえいれば、そうしたスパイを白日のもとにさらすチャンスも生まれるだろう。

非暴力行動に徹する必要性

非暴力闘争への参加を志願する者は、闘争戦略の柱となる非暴力の原則を守らなければならない。この必要条件は非暴力行動の技術がどう作用するかの理論にのっとっている。闘争で貫かれるべき非暴力の原則は、あくまで非暴力行動論にもとづくのである。それは道徳主義者や平和主義者が唱える非暴力の原則と相いれないものではない。非暴力行動で攻撃的に闘うことで、闘争集団は相手集団が課してきた鎮圧の破壊力を相手側に跳ね返し、結果として相手方の勢力を弱める（第一二章で詳説する）政治権力の「柔術」や、（第一三章で詳説する）闘争の勝利につながる状況変化をもたらすであろう。

闘争者は非暴力行動を駆使して、多方面にわたって有益な成果をあげることができるだろう。以下の四例もそうした成果のうちである。

一　人々から共感・支持を獲得できる

二　被害者数を抑えられる
三　相手陣営の内部に不信感や反乱までをも誘発できる
四　非暴力闘争への参加者を最大限に募ることができる

暴力をはたらくと弱体化する非暴力運動

非暴力抵抗者がいったん暴力に手を染めてしまうと、非暴力行動の威力が発揮されるに至るプロセスが台無しになってしまうだろう。そうなると、逆に、抵抗者を制御しようとする相手の手筈が効果を上げることになってしまうだろう。抵抗者が暴力に訴えると、人々の注意は非暴力闘争の争点からその暴力自体に向かう。人々は抵抗者の勇気に目を止めなくなる。通常は抵抗者がはたらいてしまった暴力よりもはるかに激しいはずの相手の暴力にも目を向けなくなる。そして、抵抗者の暴力その一点だけに人々の注目が集まることになる。非暴力闘争の過程で暴力行為が生じると、まず闘争戦略の核となる非暴力の原則が揺らぎ、やがて非暴力から暴力への方針転換につながり、最終的には非暴力運動の崩壊にさえ至るだろう。非暴力闘争の相手方から不利益を被ってきた民衆がその相手方に暴力を振るうようになると、相手サイドは対抗手段として堰を切ったように過剰に厳しい鎮圧を人々に加えるようになる。そうして、相手陣営内で高まりつつあった抵抗者への共感はことごとく反感に変わる。非暴力闘争で勝利を得るために、闘争者はあくまでも「非暴力の武器」だけで闘わなければならない。

サボタージュと非暴力行動の違い

もともとは破壊行為を指すサボタージュを本書では「不動産を解体し破壊する行為」と定義する。サボタージュは非暴力闘争とは相いれない。以下の九点が示唆するように、サボタージュの作用や仕組みは非暴力行動の作用や仕組みとは相反する。

一　相手に仕える人々や無実の見物者を思いがけなく死傷させる危険がサボタージュにはつねに伴っている。

二　サボタージュで効果をあげようとすると、その計画を突き止めた人や、その計画を曝露したり阻止したりする意志と能力がある人をも妨害するに迫られ、その人に厭わず身体的暴力をはたらかなければならなくなる。

三　サボタージュを行うには、計画や目的遂行を内密にすることが求められる。

四　特定のサボタージュの実動員は数人でよいため、大勢の優れた非暴力抵抗者のチームを必要としない。

五　非暴力闘争者がサボタージュを行うということは、闘争者が非暴力闘争の妥当性に自信を持てていないということの裏返しである。

六　サボタージュは物理的・物質的な影響を及ぼす行動で、人間的・社会的な影響を生みだす行動ではない。

七　相手の勢力を弱体化させる方法という観点から見れば、非暴力行動とサボタージュとでは前提としていることがまったく異なる。非暴力行動は人々が支配者への合意を撤回することで支配者の勢力を削ぐという前提にたっている。対して、サボタージュは不動産を破壊して支配者に歯向かうことで支配者の勢力を削ぐことを前提としている。

八　非暴力闘争集団がサボタージュを行って死傷者を出してしまうと、人々はかつてほど闘争集団や運動全般に共感しなくなり、支持を表明しなくなる恐れがある。

九　結局のところ、非暴力闘争者がサボタージュという行為に出ると、相手からの過剰な鎮圧を招くだろう。サボタージュが鎮圧を挑発するのである。その場合、非暴力行動が鎮圧を挑発するケースとは違って、相手の権力の座が相対的に弱まることはないであろう。

暴力行為に走る隙

非暴力抵抗者が暴力行為に流れるもうひとつの状況は、抵抗者が将来の事態を予測したうえで、暴力をはたらく何らかの準備をあらかじめ行っているケースである。特に、すでに局所的に暴力が発生している危機的状況では、そうした準備が整っていると、実際に暴力を使ってみようとする抵抗者の衝動を大いに誘い出すことになる。

規律の重大さ

暴力が勃発している特に危険な局面や、非暴力闘争の参加者が非暴力行動の手法を深く理解しておらず経験値を欠いている局面では、非暴力闘争陣営にとって集団内で規律を維持することがとりわけ重要となる。

規律を維持するとは、ある最低限度の行動基準を守ることを指す。どの程度まで規律を要求するか、どのような類の規律を要求するかは、状況に応じて変わってくるだろう。非暴力闘争集団が規律を欠いていては、非暴力の手法を駆使するうえで困難をきたすのは明らかだろうし、その手法を駆使できなくもなるだろう。

非暴力闘争集団に規律が不可欠であるもっとも重大な理由は、メンバーには闘争に継続して参加し、恐怖に屈しないことが求められるからである。次いで、メンバーには非暴力行動を貫くことが求められるからである。

計画や指示に従うことも規律のうちである。規律を守れば、人々は厳しい鎮圧に対峙し、目的達成のために最大の威力を発揮していけるだろう。そうすれば、第三者や一般市民、そして闘争相手さえもが、そのように規律を守る非暴力闘争の参加者の姿に尊敬の念を抱くようになる。

非暴力の原則の徹底

ほぼつねに、非暴力闘争には対立し張り詰めた事態がついて回る。しかし、そうした中にあっても、闘争者が暴力を阻止し、規律を維持することは可能だ。規律正しく、非暴力で行動すれば、人々は緊張や攻撃性から解放されるだろう。

非暴力闘争陣営が闘争戦略の核となる非暴力の原則を参加者に促すのに、何か表立った取り組みを行うまでもなく、参加者が直観的に、互いに一致して、その原則を遵守できる場合もあるかもしれない。しかし、非暴力闘争が危険で危機的な状況に陥った場合には、闘争陣営はあらためて非暴力の原則を強く呼びかける必要がある。参加者が非暴力行動に従事する際にまず求められる規律は自制である。押し付けではなく、あくまで非暴力抵抗者の意志や良心を感化したり強化したりするために、闘争陣営がさまざまな方法で規律徹底を奨励するのが有効だろう。説明書・呼びかけ・誓約・小冊子・責任者任命などの方法を活用して、抵抗者の規律の徹底を推し進めることができるかもしれない。

過去には、暴力沙汰が発生したとき、非暴力闘争の指導者が非暴力行動の戦術に着手するのを延期したり中止したりしたケースがあった。タイミングを見計らい、相手を挑発する可能性がある非暴力行動の戦術の代わりに、暴力行為を生む可能性の少ない別の非暴力行動の戦術に指導者が戦法を切り換えるケースもあるかもしれない。相手集団から敵意に満ちた攻撃を受けたときは、非暴力闘争集団が暴力に流れるのを防ぎ、かつ総崩れするのを阻止するために、闘争集団内に強力な規律が求められるだろう。闘争指導者が自分たちの陣営と相手陣営との間で暴力的な衝突を避けたいと望むなら、闘争陣営を別の場所に移動させるとか離散させるとかしたほうがよいかもしれない。または、非暴力行動の戦術をより単純な形態のものに変更したほうがよいかもしれない。直に相手の暴力を迎え撃つ覚悟ならば、闘争集団は規律を強化する必要がある。

非暴力闘争集団内に対立と緊張が広がっているとき、闘争陣が公衆のデモといった形態の非暴力行動をとると有効なケースがあるだろう。それは闘争集団が暴力を回避でき、同時に、乱暴をはたらかずに集団内に充満する対立や緊張の感情を発散させることができる一石二鳥の機会になるかもしれない。ただ、闘争戦略の根幹をなす非暴力の原則を貫き通すには、闘争陣営が集団の士気を高めておくことが肝心となる。自分たちは相手が手に入れることのできない勢力のベースを手にしていて、勢力を生み出すその決定的な土台が自分たちを支えているのだという実感が非暴力抵抗者の間に浸透していれば、往々にして抵抗者の士気は高まるだろう。その決定的な勢力の土台とは、たとえば、非暴力行動の手法、正義というよりどころ、非暴力闘争の勝利の必然性、強力な味方の存在といったものかもしれない。場合によっては、宗教や「歴史」に根ざすものかもしれない。他にも、抵抗者が非暴力の原則を確かなものにするために不可欠な方法はある。ただ、方法云々の前に、なぜ非暴力の戦術を徹底しなければならないのかという根拠を明らかにしておくのが大事である。

健全な組織を維持すること・的確に指揮すること・計画を入念に練り巧妙に組み立てること・一連の活動を通して効果的なコミュニケーション手段を確保することは、いずれも非暴力闘争集団が戦略の核心として非暴力の原則を貫き、遵守するのを大いに助けるだろう。戦略・作戦・特定の戦術を選ぶ際には、闘争陣営は規律の観点からも格別の注意を払う必要がある。一般参加者や特定要員に向けて規律訓練を行う重要な役目もある。勉強会・ワークショップ・研修・社会劇などを活用して訓練を実施することができる。また、演説・メッセージ・即席の訴えといった方法も、暴力を防止し、規律を促すのに闘争陣営内でよく用いられる工夫だ。

非暴力闘争陣営が組織やコミュニケーション手段を効果的に構築すれば、闘争戦略のおおもとの非暴力の原則を集団で徹底するのにも役立つだろう。明確な指揮系統やコミュニケーション網を通して、行動規範の指示を包括的にかつ個別に徹底させることができる。規律を監督する「責任者」を立てるのもひとつの手で、デモを行う際に責任者がデモを監督すると、参加者は非暴力で規律正しくデモを押し進めていくことができる。参加者が非暴力の原則を守る旨を誓約した事例も過去にはあった。

非暴力闘争の指導者が闘争のただなかで逮捕されてもされなくても、肝心なのは、必要とあれば他の者がその指導者の立場を引き継いで、規律を維持できるように闘争集団を引き続き統率していくことだ。有名な闘争指導者が逮捕されれば、闘争の指揮がばらばらになり、統率の中心を欠く事態になる可能性がある。あるいは、闘争集団が相手方の統治機構に並行して自分たちの統治機構を二重に打ち立てるところまで威力を増大させる先進的なケースもありえる。そうした形をとって闘争集団は非暴力の原則を維持できるかもしれない。いずれにせよ、非暴力闘争者が深刻な暴力沙汰を起こしそうになったら、何よりまず暴力を阻止するため、闘争陣営はさらに積極的な非暴力行動の戦術に切り換えて、非暴力で事態に介入する必要があるだろう。

憎悪を手放すこと

非暴力闘争の歴史をかえりみて言えるのは、非暴力抵抗者はあからさまに相手に嫌悪感を示してきたということである。しかし、現在、非暴力行動の専門家の中には、そうした憎悪を手放す度量を養うことが非暴力抵抗者にとっての望ましい成長だと考える人もいる。ただし、抵抗者が非暴力行動を実践するのは、相手を「愛する」ためでも、それまでの信念を捨てて別の信念に転じるよう相手の改宗を試みるためでもない。実際、相手を愛することや相手に改宗を迫ることがゴールではない点こそが、非暴力闘争の際立った特徴なのだ。それでも、非暴力抵抗者が相手に対する憎悪と敵意を慎むことができれば、闘争戦略の核となる非暴力の原則や非暴力闘争全般の効力を抵抗者が一段と発揮できるかもしれないのも事実である。

鎮圧が無効になる状況

非暴力抵抗者が恐れをものともしないで、闘争戦略の軸として非暴力の原則を守り、自分たちの挑戦に対して相手が課してくる苦難を受け止め、決然と辛抱するならば、いくら相手が思うままに抵抗者を追従させようとしても、相手の思惑は打ち砕かれるだろう。

相手方が非暴力闘争の指導者を逮捕し、闘争組織の存続を禁止したところで、相手側は闘争集団側の抵抗を少しも抑えることはできない。闘争集団の勢力が弱体化していて、メンバーが怯えているときに限っては、かろうじて、相手集団は闘争集団を制御し、非暴力運動を封じ込めることができるだろう。ただ、以下の五つの状況のもとでは、鎮圧の方法は通用せず、相手が非暴力運動を打ち砕こうとしても、失敗に終わるであろう。

一　非暴力行動に関する教育プログラムが普及し、徹底している。
二　人々に非暴力の手法を駆使する豊富な経験がある。
三　非暴力で相手に抵抗する方法について上級者向け訓練が行われ、手引書も広く出回っている。
四　非暴力闘争を順次引き継いでいく指導者層が前もって選定されている。
五　非暴力闘争の初期段階で指導者が逮捕をものともせず、自ら大胆不敵に行動して模範を示してみせた。

こうして、非暴力闘争集団の統率力はフラットに分散するので、闘争参加者はますます自立して行動し、闘争戦略の根幹の非暴力の原則を遵守するに至るだろう。

非暴力闘争集団に対して相手集団が鎮圧措置をとるとき、闘争集団はその状況を新たなきっかけとして利用し、抵抗の姿勢を強化することができるかもしれない。新たなきっかけと言っても、闘争集団が当初掲げた要求に新たな要求を加えるタイミングを意味するのではない。相手方が鎮圧を課してくるたびに闘争集団はそれを相手サイドへの新たな抵抗の機会として利用できるだろう。その機会をとらえてすかさず、自分たちが不正と見なす権力を拒んで市民的不服従や政治的非協力を行使し、従来の非暴力闘争の目標達成に向かって闘いを続けるだろう。

このような状況のもとでは、相手集団が非暴力闘争集団への鎮圧を厳しくしても、それが逆効果を生む可能性がある。むしろ、その鎮圧が相手方の抱えている問題をさらに深刻にし、相手側の勢力をよりいっそう削ぐ事態に連なるだろう。それどころか、相手集団は闘争集団に鎮圧を課すことで、逆に自分たちを封じ込めるように働く政治権力の「柔術」の作用を自ら呼び寄せてしまうかもしれない。

第一二章　政治権力の「柔術」

暴力的な相手に仕掛ける技

暴力的な制裁を課す能力と意志を持つ相手に働きかけるために、非暴力行動は考案された。暴力的な鎮圧に非暴力行動という手段で対抗する政治闘争では、非暴力集団と相手集団との間に、特殊な非対称の対立構造が生まれる。その中で片や非暴力行動、片や暴力行動に訴え、おのおの陣営が対照的な戦術を用いる。そこで、非暴力抵抗者は相手に日本の格闘技である「柔術」のような技を仕掛けることができる。その技の最大の特徴は相手の反応を利用して攻撃を仕掛けることだ。相手が先に抵抗者に加えた鎮圧のエネルギーを、今度は抵抗者が相手の側にはね返らせ、相手の権力を弱体化させるのである。抵抗者に与えたダメージが時間差で増幅して自らに向かってくるから、相手の政治権力のバランスは崩れる。闘争を続ける間、抵抗者は非暴力を貫きながら、機会をとらえて自分たちを有利な体勢に持ち込める。

抵抗者が相手を困らせて、非暴力行動への対処に手を焼かせる秘訣は、何より、この「柔術」の特殊な作用と仕組みにある。

基本的に、政治権力の「柔術」は自分たちへの支持を拒んでいる非暴力抵抗者に対して相手が暴力的な鎮圧を課した後に生じる一連の過程である。その過程で、非暴力闘争集団の相手方を従来支援していた者の間に内部対立が広がり、そこから抵抗運動の勢いが増し、どの立場にもくみしていなかった第三者もが相手方に反旗を翻して対抗姿勢を表明するようになるケースがある。以下ではこうした経過を詳細に解説する。

政治権力の「柔術」によって非暴力抵抗者が威力を発揮するには、抵抗者は暴力に流れることを断固として避けなければならない。暴力という武器を使うのにもっとも長けているのは相手の方であり、抵抗者は敵《かな》わない。けれども、その代わり、抵抗者は与えられているたったひとつの最強の「非暴力の武器」を巧みに使って、相手への挑戦を続けなければならない。

相手の勢力を弱体化するプロセス

政治権力の「柔術」は、戦術ではなくあくまでプロセスである。闘争者が非暴力行動によって暴力的な鎮圧に対処する一連の過程のことを言う。相手集団から暴力的鎮圧を課されながらも戦略の核となる非暴力の原則を守りつつ粘り強く立ち向かう局面で、非暴力抵抗集団はその鎮圧を敵にとっての最悪の事態に転じることができる。鎮圧の後、一転して、世論や力関係が抵抗集団に有利なように働きだすかもしれない。人々は抵抗集団に対峙する相手側への支持を撤回して、今度は抵抗集団側に支持を寄せる。そうした状況のもとで体勢の変化が起こる。相手から鎮圧を受けて劣勢の体勢にある抵抗者は、非暴力という技で相手に攻撃を仕掛け続けて優勢の体勢に持ち込み、相手の政治手腕のバランスを失わせることができる。

あらゆる非暴力闘争で政治権力の「柔術」のプロセスが発生するわけではない。実際に、第二部で列挙した特定の戦術の大半は、このプロセスには影響を与えない。政治権力の「柔術」を経て力関係の逆転を起こすのに決め手となるプレーヤーは、以下の三つの広範な集団に限られるからだ。

一　地域的または国際的に中立の立場にある第三者
二　当初から非暴力闘争の相手方を支持してきた人たち
三　これまでの体制内で不利益を被ってきた民衆

中立の第三者を味方につけた後の余波

非暴力抵抗者に対する鎮圧は非暴力闘争について広く人々の関心を集め、苦闘する抵抗集団への人々の強い共感を呼ぶだろう。そのとき、闘争相手は周囲の顔色をうかがって自分たちの行為を説明し、自分たちを正当化するのを余儀なくされる。そうして、今や世論という法廷が、おそらく国際世論という法廷もが、相手とは対称をなして物理的に不利な体勢に置かれている抵抗者の要求のほうに耳を傾けるのである。

・国際社会の憤慨

非暴力闘争者の相手方に憤慨する論調の国際世論が具体的な行動に結びつくことがある。その行動とは、たとえば、当の相手方への信用を取り消す、相手方に対する物資供給を差し止める、相手方に追加の経済的・外交的制裁を課すといった行動である。しかし、通常はこうした事態にまでは発展しないことが多い。いや、まず、ここまでに至るケースはほとんどない。

・第三者の意見を波及させる要素

「世論」だけを味方につければ非暴力闘争で勝利を獲得できると、闘争者は単純に考えるべきではない。世論が非暴力抵抗集団と相手集団の間の力関係を実際に変えてしまうまでは、少なくとも世論がその力関係を変えそうな勢いを持つまでは、相手方は自分たちに敵対的な世論を断固として無視し続けるだろう。または、世論が両者の力関係を変えるくらいに切羽詰まった兆候を示すまでは、そうした敵対的な世論を再三にわたって無視するだろう。相手が第三者の意見の変化に左右されるかどうかの決め手となる項目を見ておこう。

一　非暴力闘争の相手と闘争の性質

当然のことながら、非暴力闘争者の相手方と言ってもいろいろである。世論にかなり敏感な者もいれば、そうでない者もいる。

それに関して付け加えると、以下の七点にもとづいて闘争相手や非暴力闘争の性質を見極めることができる。

・相手方の体制は民主的かあるいは独裁的か?
・相手方の体制はどのようなイデオロギーを持っているか?
・相手方の体制は非暴力抵抗者にどのような態度でのぞんでいるか?
・相手方の体制にとって非暴力闘争の争点はどれほど重要か?
・相手方の体制はどのような意図で非暴力抵抗者に鎮圧を課すか?
・どのような社会システムのもとで非暴力闘争は展開しているか?
・相手方の体制は第三者の意見に神経質になっていたり第三者の意見を頼みにしたりしているか?

二　世論の変化に伴う行動

いったん世論の流れが変わったなら、誰がどのようにして非暴力闘争者の相手方の体制に対抗して行動し続けたらよいのだろうか。

第三者がとりうるのは、抗議・公的宣言・デモ行進・外交措置・経済制裁などの行動だろう。ただし、こうした行動の役割はあくまで追加的で補助的なものと考えておくべきだ。第三者の行動を非暴力闘争の中心的役割を果たすものだと決して位置づけてはならない。国際的な非暴力行動の前例を紐解いて言えるのは、非暴力行動が完全に成功を収めた事例はかなり少ないということである。その中でも、第三者が関与した非暴力行動が成功に至った事例は稀少である。世界的に見てそのように数少ない成功例のうちで第三者が果たしてきた役割は概して象徴的なものだ。第三者が経済制裁のようなより実質的な行動に出て成果をあげるに足るところまで、組織だって継続的に動いた実績は見当たらない。つまり、あくまでも非暴力闘争者の相手方の体制のもとで不利益を被ってきた民衆が主体となって国内で行動することが先決であり、国際的な第三者の行動ではその替えはきかないのである。

何より、非暴力の手法の性質から見ても、第三者ではなく、非暴力闘争者の相手の政策にもろに影響を受け、苦しめられてきた当事者である民衆こそが闘争の矢面に立たなければならない。

三　非暴力抵抗集団の目的をめぐる第三者の意見の変容

第三者の意見が非暴力抵抗者の掲げる目的に好意的に傾けば、抵抗者にとって追い風になるだろう。抵抗者の士気はあがり、勝利に向かって闘い続ける励みとなる。逆に、闘争相手にとっては、こうした意見の変容は陣営の一部、でなければ全体の士気を下げることにつながるだろう。

・第三者の支持の先行き

非暴力闘争では、第三者の支援や国際的な支援の効用・効果はこれまでほぼ限定的なものであった。だが、今や新しい支援の形が広がり始めているようだ。非暴力闘争についての研究書や入門書、印刷施設やサービス、ラジオ放送施設や設備、電子メール、研究のための基盤やセンター、教育、非暴力闘争のトレーニングの提供など、国を越えて新たな支援の形態が登場している。

奇跡を起こすことはないにしても、新しい技術の発展にともない、コミュニケーション・教育、情報アクセスといった環境は改善されるだろう。ただし、当然のことながら、非暴力闘争集団だけではなく、抑圧的な相手集団もそうした技術の恩恵を享受できる環境にある。

相手の支持者の間に反対や異議の声を呼び起こした後の余波

暴力で抵抗する人々に対してよりも、非暴力で抵抗する人々に対して誰かが暴力的な鎮圧を加える場面のほうが、社会にはより理不尽、不快、冷酷、危険だとうつるだろう。

抵抗集団が非暴力を貫いているときは、そうでないときに比べて、抵抗集団に課す鎮圧が行き過ぎないようにと、相手集団の構成員が内輪で用心する空気が割と生まれやすい。また、抵抗集団への鎮圧を緩めようとする気風、鎮圧以外の他の封止策を検討しようとする気風、抵抗集団から問題視されている政策の変更を提案しようとする気風さえもが、相手集団の構成員の間で比較的生じやすい。要は、厳しい鎮圧をもって抵抗集団の要求を退けるのは代償が大きすぎて割に合わないという声が、相手陣営の内部からあがってくるかもしれないということだ。

・相手の鎮圧行為と大義への疑念

非暴力の闘い対暴力での鎮圧というように、抵抗集団と相手集団の二者が非対称に対立する中で、相手陣営の構成員およびその陣営の支持者はどこかで疑問を抱き始めるだろう。非暴力の抵抗者に暴力的な鎮圧を課していることに違和感をおぼえる人が相手陣営の中に現れるかもしれない。そうして、非暴力闘争の争点をあらためて考え直すようになる人が相手陣営内に出てくるかもしれない。政治権力の「柔術」のプロセス上のこのような局面では、相手集団のメンバー間にさまざまな異議や反応が噴出することになるだろう。以下の四つはそうした異議や反応の例である。

一　自分たちが非暴力抵抗集団に課してきた鎮圧や今後加える計画である残虐行為は度を越えていると、そして、鎮圧し続けるよりも抵抗集団に譲歩するほうが望ましいと、相手集団のメンバーは感じている。

二　非暴力闘争の相手集団のメンバーは、自分たちの体制の性質について別の見方をするようになり、状況次第では重大な変革が必要だという新たな信念を抱いたり、従来のそうした信念を再確認したりする。

三　非暴力抵抗集団およびその集団の目的に相手集団のメンバーが積極的に共感を示す。

四　非暴力闘争の相手集団のメンバーは、自分たちの体制のもとで不利益を被ってきた民衆が掲げる目標に対してさまざまな形で支援を表明し、抵抗者側を援助する。

・相手陣営内部で離反を生むきっかけとなる鎮圧行為

高官までも含めた役人、そして、あらゆる階級の兵士や警官が、非暴力闘争中に自らの立場を変える可能性があるだろう。

・相手方の軍隊の反逆

非暴力抵抗集団に鎮圧を課すことを任務とする相手方の警官や軍隊にも、その相手方から離反しようとする動きが広がる場合がある。そうした離反者は受けた命令をわざと要領悪くこなしたり、実際に暴動を起こしたりするだろう。個人で命令に背いて脱走した例もあるし、軍の部隊全体で脱走したり離反したりした例もある。

残忍な鎮圧を非暴力抵抗者に課せとの命令に相手方の兵士が背き、抵抗者側に寝返るとき、きわめて重要なことは、その兵士がまさに目の前で展開している非暴力闘争にすかさず加わることである。ただし、抵抗集団に寝返った当の兵士が、相手方の体制に依然として忠実でいる軍隊に対抗するのに、軍事兵器を使ったり、軍事訓練を行ったりすることがあってはならない。残存部隊の中には当の抑圧的な体制に嫌気がさしてきていて今にもその体制と訣別しそうな勢いの者がいるかもしれない。同体制から離反した兵士からその矢先に軍事的な攻撃を加えられると、それに対する反発から、せっかく揺らぎ始めていた残存部隊の者たちがふたたび当該の体制に忠誠を誓い、元の木阿弥になってしまうということは大いに想定できる。そうなると、結局は従来の体制に新たな息吹を与えてしまうことになり、非暴力闘争は内戦に変わってしまう。やがて、反体制の勢力は失速し、甚大な被害者が出るだろう。

一九〇五年のロシア革命の際にも同様の状況に陥った。ロマノフ朝の独裁体制に反旗を翻して離反した兵士が暴力に訴えたために、その皇帝政権の勢力は息を吹き返して十分に持ち直し、抜け目なく革命を挫けたのだった。[*5] 二〇一二年のシリアでも類似の事例を確認することができる。やはり、蜂起して独裁体制から離反した兵士が軍事兵器を使用したために、武力衝突が勃発した。その内戦は長引き、莫大な数の死傷者を出し続けている。

軍事兵器を手放したうえで非暴力闘争に加わることで、決起して離反した部隊は、いまだ相手方に仕えている数のうえでははるかに上回る大勢のかつての身内の軍の隊員に向かって、抵抗するよう身をもって呼びかけることができる。それによって軍隊からの離反者が増えれば、非暴力闘争集団が相手方の体制を打倒する動きを加速させることが可能となる。

・相手方の体制の分裂

非暴力抵抗者に相手が残虐行為を加えた後、やはりそれがきっかけとなって、相手方の体制内では政策・統制や鎮圧の方法・個人的問題をめぐってメンバー間で意見が割れ、体制が分裂に向かっていくかもしれない。

・相手方に離反を促す企て

非暴力抵抗者は相手が残忍な鎮圧を自分たちに加えることが相手自身に深刻な問題を引き起こすのをあらかじめ承知のうえで、その裏をかいて、意図的に極度の挑発行為に出ることもできる。暴力行為をはたらくよう相手方の体制を駆り立て、予期したように相手サイドが暴力に訴えたその機会をとらえて、抵抗者は実際に自分たちを有利な体勢にもちこもうとねらってみることができる。それには極めて入念な準備が必要であるから、このような挑発行動は抵抗者には通常は勧められない。

相手集団のメンバーからの支持を、非暴力抵抗集団が直に訴えかける場合もあるだろう。それにより、あるときは相手の陣営内に新たな亀裂が生じる。またあるときは相手の陣営内にもともとあった亀裂が大きくなる。反対に、非暴力抵抗者が暴力をふるってしまった場合、たいていは相手の陣営内の団結力が高まることになる。

民衆の支持と参加の補強

政治権力の「柔術」は非暴力抵抗集団と相手集団の二者間だけのプロセスではなく、もう一者を加えた三者間のプロセスであろう。非暴力抵抗集団に相手集団が課す鎮圧を目の当たりにして、大多数の鎮圧反対者が反対者の立場にとどまらず、抵抗運動の参加者になって積極的に相手集団に立ち向かおうという気になることがあるだろう。

鎮圧がそこまで影響力を持つか持たないかにかかわらず、非暴力抵抗者が鎮圧を耐え抜き、自分たちの挑戦を続けるつもりであれば、勢力が大きいに越したことはない。抵抗者が暴力に屈するということは、非暴力闘争の敗北を意味する。鎮圧を受けたとき、それこそが抵抗者が非暴力で運動する正当性を示す絶好の機会になるだろう。なぜなら、相手が抵抗者に鎮圧を加えることは相手が「不正義を重ねる」ことだからである。事実、鎮圧を機に、非暴力抵抗集団の現メンバーの決意をより強固なものにできると同時に、抵抗集団の新メンバーを増員することもできる。

鎮圧の緩和と奇妙な逆非暴力行動への対処

すでに述べたとおり、非暴力抵抗集団に相手集団が加える激しい鎮圧は相手側の大義名分を大いに損ねるリスクがある。ただ、そうしたリスクを避けるため、相手方の鎮圧部隊はあえて緩い規制措置に終始し、暴力行使を最小限に抑えようとさえするかもしれない。ごくまれだが、相手サイドが暴力行動から一転して、表向きには暴力を振るうのをやめる逆非暴力行動とでも呼べる企てに出ることもありえる。制裁の最終手段として当事者双方が暴力を使わずせめぎ合う別の形態の闘争状況に移行しようとして、相手側が逆非暴力行動を試みても、闘争の根底に構造的暴力がそのまま横たわっている限り、それはまるで的外れだろう。

非暴力抵抗者は政治権力の「柔術」の効力を発揮させることができるよう、非暴力で闘い続けることを選択し、自分たちの威力を爆発させる。相手にとっては、その威力は暴力よりも対処しづらいものだろう。

力関係の転換

抵抗者が相手に非暴力行動で挑む闘争では、抵抗集団と相手集団の双方の勢いはたえず変動する。政治権力の「柔術」だけでなく、非暴力行動の手法が生み出す他の威力によっても、そうした変動が起きることはある。抵抗集団が相手集団への支持を制限したり保留したりすれば、相手側が手中に収めていた権力の源泉に影響を及ぼすだろう。政治権力の「柔術」が双方の勢力を変えても、プロセスのただ中にあるときにはその変化が見えづらい。実際に勢力図に動きがあった後になってようやく、変化を目の当たりにするだろう。

非暴力闘争を仕掛ければ、相手方の体制から権力を骨抜きにできるチャンスが生まれる。チャンスをものにできるかどうかは、何より、闘争の背景をなす状況・抵抗戦略に込められた知恵・抵抗者の行いにかかっている。こうした要件と切り離せないのは、戦略のおおもとの非暴力の原則を守り、忍耐強さを維持し、適切な戦略と戦術を選択したうえで、非暴力抵抗集団が政治権力の「柔術」の働きをどこまで推し進めるかという一点である。ただし、たとえ政治権力の「柔術」によって抵抗集団が威力を示せなかったとしても、非暴力行動を巧みに用いて自分たちと相手集団の間の力関係を根本から変えることのできる方法は他にもある。

第一三章　成功を勝ち取るための四つの経路

さまざまな必要条件がそろうとき、整えられたとき、ようやく非暴力闘争者は成功を収めることができる。その成功に至る経路や仕掛けは、相手に立場を転換させること・相手を和解に応じさせること・非暴力で相手の行動を強制すること・相手方の体制を解体させることの四つに分類が可能である。

相手が立場を転換する状況

ジョージ・レイキ〔アメリカの社会学者（一九三七〜）〕によると、「相手方が立場を転換するということは、非暴力行動集団や非暴力行動者個人が働きかけた結果、相手側が非暴力集団や個人の要求に自ら応じようとする新たな地点に到達することを意味する」。人々の理性・議論・感情・信念・態度・道徳などが影響を及ぼし、相手は立場を転換するに至るだろう。

・立場転換の要求

非暴力行動者が目指すのは、単に支配者に従属させられた人たちを解放することだけではない。非暴力行動に立ちあがった人々は、立場を変更するよう相手方に働きかけることもできる。つまり、自分たちの体制や政策にがんじがらめにされていると思われる相手を解放することも、非暴力行動の目的なのである。このような非暴力行動の仕掛けの重要性を提唱する人たちは、次のように口をそろえる。非暴力行動者は「悪」を憎んで「悪人」を憎まない。要するに、「悪人」と「悪」を切り離し、「悪人」を救出して「悪」を取り除こうとする。

・自らに課す苦難の根拠

相手が自分たちに加えてくる鎮圧を機能不全や機能停止にするためには、自らに苦難を課さなくてはならないと考える非暴力抵抗者がいる。そればかりか、まずもって自らに苦難を課すことで相手に立場の変更を迫ることができると考える抵抗者もいる。ある非暴力行動者の主張によると、人は自分自身が苦しんで誰かの身になることを通して、自己正当化をやめ、無関心な態度を捨てることができる。こうしてみると、苦しみはもはやリスクではない。それは武器でもあるのだ。ただし、不可能だったり非現実的だったりという理由から、相手に立場の転換を求めることを拒む非暴力運動実践者もいる。

・社会的距離が生む障壁

非暴力抵抗集団と相手集団との間の「社会的距離」が遠いほど、相手側の人たちが立場を転換する可能性は低くなる。両者の間に「仲間意識」・相互理解・共感が構築されるのを阻む壁が厚いほど、その見込みが少なくなるということだ。逆に言えば、両者の社会的距離が近いほど、相手サイドの人間が立場を転換する可能性は高まるだろう。実際に、抵抗集団の中には、そうした両者間の社会的距離を縮めようと、取り除こうと試みてきた者もいる。

・立場転換がもたらす相手の変化

非暴力抵抗者の相手が立場を転換するとき、その人たちは多様な変容を経験する。その中身は人それぞれの理性や感情にどのような変化があったかによって違ってくるし、どれくらいの期間をかけて変化するに至ったかによっても違ってくる。相手が立場を転換するということは、相手の攻撃・信念・感情・世界観にさまざまな変容が起こったということである。なお、自らの立場を転換するにあたっての柔軟性には大きな個人差がある。

・相手の立場転換に与える影響

非暴力抵抗者の相手が立場を転換するまでに影響を及ぼす外的環境要因は、以下の五つである。

一　相手集団と非暴力抵抗集団との間にどれだけ利益の衝突があるか
二　相手集団と非暴力抵抗集団との間にどの程度の社会的距離があるか
三　相手集団のメンバーはどのような気質を備えているか
四　相手集団と非暴力抵抗集団の間にどういった共通のあるいは異なる信念や規範があるか
五　第三者はどのような役割を果たしているか

他方、以下の一〇項目は、非暴力抵抗者の相手が立場を転換するにあたって影響を及ぼす抵抗集団内部の要因である。

一　いかにして相手に暴力や敵対心を向けるのを慎むか
二　いかに相手に正直に接して相手の信頼を得ようと努めるか
三　いかにして自分たちの意図を開示するか
四　いかにして気持ちのよい身なりと習慣を保つか
五　いかにして相手を侮辱するのを控えるか
六　いかにして誰の目にも明らかな犠牲を払うか
七　いかに建設的に任務を遂行するか

八　いかにして相手陣営の人たちと個人的に連絡をとり続けるか
九　いかにして相手方に寄せる信用を内外に表明するか
一〇　いかにして共感力を高めるか

・立場転換の失敗

非暴力抵抗者の相手が立場を転換するまでに影響を与える要因は、既述のとおりである。ただ、上記の要因を十分に満たすことのできない状況をはじめ、さまざま状況下で、非暴力抵抗者が相手に立場の転換を促そうといくら試みても、その試みの一部しかうまくいかない場合や、その試みが完全に頓挫する場合もあるだろう。ことのほか頑なに自らの立場を転換するのを渋る個人や集団は珍しくないだろう。たとえ相手が立場を転換するようにうまく導くことができなくても、もしくは導こうとすらしなくても、後述するように、抵抗者には非暴力行動の仕掛けがあと三つ残されており、変革をもたらす見込みはある。

相手が和解に応じる状況

非暴力抵抗集団が働きかけても相手は立場を転換せず、なおかつ、非暴力抵抗集団が行動を強制しようとしても相手は従わないという情勢で、抵抗者は相手との和解の選択肢を探る。相手が和解に応じるのはどういう状況を指すかというと、相手が非暴力闘争の争点に関して自分たちの考えを根本的に変えないながらも、抵抗者側の要求を認めようと決断する状況である。相手が争点に妥協しようと決意するのは、現時点で妥協しておいたほうが賢明だと判断したからである。今よりもっと不本意な結果を後になって思い知るリスクを冒したり、現実にその事態をまねくよりはましだと判断してのことだ。相手が和解に応じるまでに影響を及ぼす要因のうちには、相手がゆくゆくは立場を転換するまでに、でなければ抵抗集団の要求を認めるまでに、影響を及ぼす要因と重なるものもあるかもしれない。和解に応じる以外の選択の余地がまだ残されていても、非暴力闘争で社会情勢が著しく変化したのを受け、相手集団が抵抗集団と和解する道を選ぶこともある。

このように、相手集団を非暴力抵抗集団との和解に向かわせる動機はさまざまである。その例を以下の五つにまとめた。

一　もはや暴力的な鎮圧は通用しないと相手集団が判断している。
二　相手集団は非暴力抵抗集団の攻撃を駆逐しつつあると思い込んでいる。
三　相手の陣営内のあちこちで抗議の声があがっており、相手方はその対応に追われ、その勢いが大きくなるのを防ごうとしている。
四　相手集団は非暴力闘争の継続によってますます増加する見込みの経済的な損失を最小限に抑えようとしている。

五　相手集団は潔く必然の成り行きを受け入れることで、闘争の敗北という屈辱を避けようとしている。またそれによって、何とかして、後で失う恐れのある権益を今のうちに少しでも多く手元に置いておこうとしている。それに関して言えば、自分たちの権力の衰えを実感しているがゆえに、実際に権力がふるっていない現状を一般市民の前で露呈させないため、相手方が和解に応じる場合もあるだろう。

非暴力抵抗集団が促しても相手集団は立場を転換せず、なおかつ、非暴力抵抗集団が要求を認めさせようとしても相手集団が従わないときに、抵抗集団はこうした和解の選択肢をとる。

非暴力で相手の行動を強制し体制を解体に向かわせる状況

非暴力抵抗集団が働きかけても相手集団は立場を転換せず、かつ、非暴力抵抗集団がもちかけても相手が和解に応じないという情勢で、抵抗者は非暴力で相手の行動を強制する選択肢を探る。たとえ相手が依然として自分たちの立場にしがみついていても、社会情勢や力関係が変われば、相手の意志とは裏腹に、非暴力活動家が求めている変革の波が起こるかもしれない。

おおまかに見て、抵抗集団が非暴力で相手集団の行動を強制できるのは以下の三つの局面だろう。

一　相手集団に対する抵抗勢力が広範囲に、大規模に広がっており、相手集団はもはや鎮圧だけでは非暴力抵抗集団の勢いを抑えられない。
二　非暴力抵抗集団が相手集団に非協力や挑戦をつきつけたことで、社会的・経済的・政治的システムが機能しなくなっており、抵抗集団の要求をのむことでしか相手集団はシステムを回復させて体制を維持する手立てがない。
三　非暴力抵抗集団に鎮圧を課す相手集団の能力が衰えてきており、時折その能力が消失する場面もある。

この期に及んでも相手集団は非暴力抵抗集団に屈しまいと頑なになっている。だが、上記すべての条件がそろった場合、もしくはその条件が組み合わさった場合には、非暴力抵抗集団が異議を唱えている政策や体制を正当化する、または押し付けることはもはや不可能だということを相手側は感じ取っているだろう。

・非暴力で強制するという発想

強制とは物理的な暴力をだしに人を脅迫したり、実際に人に物理的な暴力を振るったりすることだけにとどまらず、暴力を使わず人に何かを強いる行為でもある。非暴力抵抗集団が相手集団に行動を強制できるかどうかの条件は以下の二つである。

一　相手集団が命令に従うよう非暴力抵抗集団に強要する中で、抵抗集団がその命令を阻止できるかどうか。

二　相手集団が自分たちの思い通りに事を運ぶことができているかどうか。強制とは物理的あるいは非物理的な力を用いて人に行動を強いることである。非協力という非暴力の強制力が非常に有効なときがある。抵抗集団が相手集団への協力を断って思い通りにできないように相手集団の行動を強制すれば、たとえ相手方の体制を完全に崩壊させるには至らなくても、一時的には相手サイドの権力機能は麻痺する。

・体制が解体する状況

抵抗者がさらに強度をあげて相手に非暴力の強制力をかけると、相手の体制は解体に向かう。ただし、非暴力の強制力が極限まで働かないと、解体には至らない。極限まで働くと、相手の体制や相手陣営は、完全にばらばらになる。そうなると、闘争当事者として敗北を認めることのできるようなまとまった母体さえ存在しなくなる。そのとき、相手の権力は完全に崩壊したと言える。

・政治権力の源泉の撤収

相手が勢力を維持するのに欠かすことのできない権力の源泉が枯渇する決定的な状態になる

まで、抵抗者が非暴力行動を駆使しながら相手への協力を保留したり拒否したりするとき、抵抗者は相手の行動を強制し、やがて相手の体制を解体することができる。今一度、抵抗者が相手の権力の源泉を封じるルートを確かめよう。

一　権威

闘争者が非暴力闘争を続ける限り、すでに相手陣営がどの程度権威を喪失したかが、闘争者・相手の双方に露呈していくだろう。相手側の権威のさらなる弱体化にもつながるだろう。最終的に、支配者の権威が失墜するかもしれない。また、究極的な状況下では、支配者の権威を拒否する人々は二重に統治機構を打ち立てる形をとって、目下の支配体制に並行して自分たちの体制を設立し、現体制のライバルとなるその新体制の主唱者のほうに忠誠心を譲渡するだろう。

二　人的資源

闘争者の非協力と不服従という非暴力行動によって、支配者の権力維持に必要な人的資源を断つことができる。一般市民・支配者に従属してきた人々・従来の体制のもとで不利益を被ってきた民衆こそが、相手方の支配者にとっての人的資源である。そうした人的資源が断たれると、相手は政策を施行するのにますます支障をきたすようになるだろう。同時に、相手の権力は弱くなる一方だろう。抵抗者の不屈の非協力の姿勢が広範囲に及べば、相手の体制の機能は麻痺するかもしれない。

三　技能と知識

非暴力闘争者の相手方を中心的に支えている人材・技術者・役人・事務官などがその相手方への協力を拒めば、相手サイドの権力は大きなダメージを食らうだろう。相手側にとって貴重な技能や知識を持つひとりを失うことは多数の人々の協力を失うことに匹敵する。したがって、その損害は実際に非協力を実行する非暴力闘争の参加者数にはまったく比例せず、参加者数が多ければ相手側に大きな損害を与えられるわけではない。闘争集団が非暴力行動を起こして相手方の権力に挑戦をたたきつけると、とりわけ相手の体制内部の対立を悪化させるようだ。そうなると、本来ならば相手集団が闘争集団からの挑戦を切り返すのに用いるはずだった技能・知識・判断力・活力などのレベルは低下してしまう。

四　無形の要素

非暴力行動に立ちあがることを通して、人々は自らの服従の習慣を見直し、支配体制の政治指針や表向きの政治イデオロギーを問い直すことができる。非暴力で抵抗を続ける中で、疑いもなく相手に服従していた従来の自分の習慣をふり返って徐々に改め、従うか従わないかを意識的に選択する術を磨いていけるだろう。今や相手は人々の服従を自動的に期待できない。

五　物質的資源

闘争者は非暴力行動を駆使して、相手が入手できる物質的資源を制限できるだろう。物質的資源に相当するのは、経済システム・交通機関・コミュニケーション・財政資源・原材料などである。一九八の非暴力行動の戦術のうち、六一の戦術がボイコット・ストライキ・介入によって相手の経済的資源を直接制限するものだ。間接的に経済に損害を与える戦術はもっとあるだろう。

六 制裁

非暴力行動を遂行しながら、抵抗者は自分たちに制裁を課す相手方の能力さえ衰えさせたり失わせたりするだろう。警察官や軍の部隊のような制裁を加える側の人間が、故意に非効率なやりかたで相手方の命令に応じてみせるかもしれない。また、特殊なケースでは、相手方の命令を完全に無視するかもしれない。暴力闘争でより非暴力闘争でのほうが、そのように寝返った形での人々の非協力や不服従の態度を目の当たりにする機会は多いだろう。内部の人間の反乱によって、相手陣営は抵抗者を押さえ込むのに制裁に頼ってばかりいられなくなる。もしくは、相手陣営は分裂を抱えるようにまでなる。そうなると、相手方の権力の座は深刻なダメージを受けるだろう。

・非暴力での強制と権力の解体に影響する要因

非暴力抵抗者が上記の要因を異なる組み合わせや異なる程度で結びつけて効かせると、相手の行動を強制し、相手方の体制を解体することができる。相手陣営の存続にとって不可欠な権力の源泉をどこまで封じ込めるかに応じて、各要因の影響力は変わるだろう。以下の八つの状況のもとでは、抵抗集団が相手集団に非暴力の強制力を及ぼすことのできる公算が高い。

一　非暴力抵抗者の数が非常に多い。

二　相手集団は非暴力抵抗者からの支持に頼っており、抵抗者らが相手方の権力の源泉になっている。

三　非暴力闘争の相手側を支援するのを拒んでいる一団は、相手方にとって重要な一団である。

四　抵抗集団が非暴力行動の戦術を使うことに長けている。

五　非暴力集団は抵抗や非協力の姿勢をかなりの期間にわたって貫くことができる。

六　非暴力闘争の相手サイドは特定のサービスや物資の供給を受けるのに第三者に依存しており、その第三者は非暴力闘争集団の側に共感や支持を寄せている。

七　目の前の非暴力抵抗集団の大規模な挑戦を十分に、効果的に相手集団が制御し鎮圧しきれていないのが明らかである。

八　(たとえば、反体制者の数・反体制者がつのらせている不満の程度・ストライキや反乱をはじめとする反体制者の抵抗手段などにどう対応するかといった) 政策や鎮圧に関する問題をめぐって、非暴力闘争の相手陣営内で意見が対立している。

闘争を勝利で締めくくれるかの見通し

同一状況のもとで比較すると、政治をめぐっては、暴力を行使するよりも、巧みに非暴力行動を行使したほうが、闘争で勝利する確率は高くなるだろう。[*6] しかしながら、非暴力闘争者の勝利の保証はできない。よきにつけあしきにつけ、非暴力闘争に変移はつきものだろう。あらゆる闘争でそうあるように、多くの場合、非暴力闘争の結果も全面的敗北や全面的勝利ではなく、敗北と勝利とが異なる割合で入り混じる。

・敗北のリスクと敗北の真意

非暴力闘争の敗北とは、闘争者が闘争の目的を達成し損ねることに他ならない。闘争者が力強く闘争を継続する勢いを欠くと、敗北につながるだろう。または、闘争者の組織力、忍耐力、規律、戦略の脆さも、やはり敗北につながるだろう。非暴力行動では真の威力に代わるものはなく、それがすべてである。

敗北の帰結は一概には言えないだろう。身体的な苦痛・精神的苦悩・経済的損失・状況の悪化・新たな法的制限といった形で幕引きになるかもしれない。敗北して人々が非暴力行動をする意欲や自信を失えば、人々が近いうちにもう一度非暴力闘争に立ち上がろうとする見込みは薄いであろう。

初めから非暴力闘争を放棄して闘わないでいるよりは、闘ってみて敗北を経験したほうがよい場合もある。たとえその闘争が成功に至らなかったとしても、暴力に訴えず平和的な方法で強大な相手に抵抗し続けたことは、非暴力行動に挑みもせず非暴力の原則や矜持を端から放棄することよりも、人々にとって望ましいことだと言ってよいだろう。

非暴力闘争の敗北は必ずしも全面的で永久的なものではない。それは負け戦にちがいはないだろうが、見方を変えると、これから勝利するはずの闘いの前哨戦ともとれる。また、敗北のただなかにあっても、はっきりとは気がつきにくいが、望ましい変化は確実に起きているだろう。そうした変化は敗北を経験した非暴力抵抗集団のその先の成功にきっと結びついていくであろう。自分たちの敗北の末に、相手に対する抵抗精神が高まった、組織が強化された、非暴力行動を駆使できるようになった、新たな仲間ができたといった肯定的な変化が抵抗者に訪れることだってあるだろう。そうだとすれば、失敗は成功の前兆なのかもしれない。

・引き分けまたは停戦

わずか一回の非暴力闘争で、闘争の計画段階で掲げた主要な変革の目標を闘争者がすべて達成できるとは限らない。目標達成のためには、一連の非暴力行動の戦術を遂行しつつも、闘争者が戦術と戦術の間に一時的な休止期間を挿むことも必要だろう。

以下の九つの状況下では、非暴力抵抗者はそのような長期的展望のもとで立て直しを図らなければならない。

一　非暴力抵抗者の勢いが十分ではない。
二　非暴力運動が弱体化しつつある。
三　現時点では闘争を続けるよりも撤退する方が非暴力抵抗者の名誉を守るためには妥当である。
四　次に計画されている非暴力闘争の活動に必要な人員や団体は少数であるから、しばしの間参加者の多くが休憩できる。
五　闘争集団が非暴力運動を展開していくうえでの必須要素を欠いていて危うい局面にあるから、このまま何の立て直しもせず運動を継続するのは無謀である。
六　これ以上苦難にさらされると非暴力運動の参加者がやる気を喪失してしまう。
七　今は非暴力抵抗集団が限定的な利益の獲得に甘んじていたほうがよい局面にある。
八　非暴力抵抗集団が掲げる要求すべてとはいかないが、相手集団には抵抗集団との交渉に応じて大幅に譲歩をする用意がある。
九　状況が変化するのを待つ間に、非暴力抵抗集団は少し立ち止まって自分たちの運動について考える機会を持つことができる。

以上のような状況にあるときは、非暴力抵抗集団が自分たちの戦略を変更し、闘争を一時的に休止するのが分別ある措置だろう。

相手集団との交渉で非暴力抵抗集団が有益な交渉結果を得られたならば、その事実がまさにひとつの闘争の勝利だと言える。なぜならば、その交渉結果は両者の力関係の変動を表しており、抵抗集団がその力関係で優位に立ったことを示すからだ。正式な交渉や協定を経なくても、両者間で停戦や一時的な休戦が合意されるケースもあるだろう。

非暴力抵抗者は、優先事項ではない二次的な事柄、決定的でない事柄については相手との交渉で妥協をするかもしれない。しかし、肝心な事柄については妥協しないだろう。また、根本的な原則や要求は放棄しないだろう。抵抗者の側は一時的に先送りすることがあったとしても、状況を見計らいつつ、必須要件の獲得をけっして断念してはならない。

また、停戦後や休戦後の期間は非暴力抵抗集団にとっては厄介な時期だろう。抵抗集団はその時期を有効活用して、集団の再編成を行い、立場を強化し、それまでに獲得した利益を整理することもできる。停戦後は停戦前と同一の方針に沿って闘争を再開すべきではない。状況に応じて新しく戦略や作戦を開発するきわめて大事な仕事に取り組むのだ。

非暴力闘争で負けを経験した後、抵抗者がもう一度闘争に立ちあがるまでのブランク期間は短いに限る。ただし、そのブランク期間に、敗北を味わった非暴力抵抗者が相手から支配されるような事態が決してあってはならない。抵抗集団は完全に受け身になって相手サイドに再び追従する余地を作るべきではない。非暴力闘争から退却しその闘争に敗北した経験さえをも、自分たちの勢力を回復させ、さらに有効な行動を準備する機会として活用していかなければならない。

体勢・権力の座・関係を適宜変えながら、人々が非暴力闘争で限定的にでも成功を収めていくことができれば、そうした部分的な成功が蓄積され、やがて本物の永く刻まれる成功に結実するだろう。間に合わせではない民衆の真の成功を、相手は簡単に奪い去ることはできない。

・勝利

非暴力闘争で顕著に前進して、勝利が目前に見えてきたときほど、人々は慎重にならねばならない。この時期こそ、非暴力抵抗者が本物の勝利を獲得できるかどうかがかかった決定的で危ういときなのである。抵抗集団は自信過剰になり、注意散漫になるかもしれない。その隙に、敵は何とか敗北を避けようと、最後の一手を打つだろう。国内の過激な政治的または軍事的集団、他には、海外のスパイがこの機にクーデターを仕掛けようと虎視眈々とねらっているかもしれない。[*7]

非暴力闘争期間を通しての抵抗集団の最後の務めは、もっとも重要かつ困難なものである。たとえば、交渉が妥結する、もしくは相手集団が抵抗集団の要求をのむといった結末のように、非暴力行動の作戦はさまざまな形で実を結ぶだろう。または、まれに、相手方の体制や集団が完全に崩壊し、解体するという終焉が待っている可能性もある。

そこで、厳密に分析を行い、特定の非暴力闘争に勝利し「成功」したか、あるいは敗北し「失敗」したかどうかを、闘争者は明確に見極める必要があるだろう。以下の八つの質問は闘争者がそうした判定をする際の参考になるかもしれない。

一　非暴力闘争集団の目標は達成されたか？　達成できたとすれば、完全に達成されたか？　それとも一部が達成されたか？　目標達成は非暴力行動の結果か？　それとも他の手段や要因の結果か？　即座に目標を達成できたか、でなければ闘争開始後しばらくしてから達成できたか？

二　非暴力闘争によってどのような状況変化がもたらされたか？

三　闘争者や従来の体制のもとで不利益を被った民衆は、非暴力運動を経て、集団として強くなったか、それとも弱くなったか？

四　闘争陣営は長期的な成果と包括的な成果のどちらを見据えて非暴力闘争の基本戦略を練ったか、もしくは両方の成果を見据えて戦略を練ったか？

五　闘争の争点や自分たちの集団をめぐるさまざまな態度や認識に関して、非暴力闘争集団に何か変化はあったか？

六　非暴力闘争は明確で直接的な影響の他に、かすかで間接的な影響ももたらしたか、もたらしたのなら、それはどのような影響か？

七　概して、社会構造や社会制度に非暴力闘争の持続的な影響を見てとれるか、見てとれるならば、それはどのような影響か？

八　非暴力闘争の目的を達成するために闘争集団は何を犠牲にしたか、そしてその犠牲は同様の結果を得るために他の取り組みで払う犠牲とはどう違うか？

上記以外にも、関連する分析項目はあるだろう。

・ほんとうの解決のゆくえ

暴力行動によって人々が達成した成果と比較すると、非暴力行動によって達成した成果のほうがより持続可能で満足いくものだろうというのが、暴力行動の代わりに非暴力行動の行使を提唱する人たちが折にふれて主張してきたことである。

そうした非暴力行動の提唱者によると、非暴力闘争集団がほんとうの勝利を獲得した後には、おそらく相手集団の側には「憤慨、恨み、報復の残骸は見当たらず、暴力でさらに人を脅迫する必要はない」だろう。なお、これは非暴力行動の提唱者のひとり、リチャード・グレッグ〔アメリカの社会哲学者（一八八五〜一九七四）〕の言葉である。闘争集団と相手集団の間の力関係には持続的な変化が生じ、やはりそうした関係のもとでは、相手方には暴力による仕返しや脅しは無用になるだろう。

第一四章　権力の再分配

非暴力闘争集団への影響

闘争に加わって非暴力行動の戦術を駆使した経験によって、参加者自身に、そして、権力の配分に変化が訪れる。

これから示すように、非暴力抵抗者はさまざまな面で鍛錬されるだろう。

・追従の態度の放棄

闘争に従事し非暴力行動を行使するにあたって、参加者は敵の思うままに受け身で敵に追従する態度を捨てるよう求められる。そして、実際にそうした追従の態度を手放すに至る。そのように追従の態度を放棄する過程で、自信のなさ・劣等感・恐怖・責任を負うことに対する苦手意識・支配されたいという欲求を克服していくこともできる。次第に自信・自尊心・恐れを知らぬ心・責任感・自立心を会得していくのだ。

・自らに与えられた力を発揮する方法の習得

非暴力闘争がもたらす変容のうちでもっとも重大なものは、かつては支配者に従属していた人々が強く変わることだろう。人々は支配的で「邪悪な」政策と体制に異議を唱える方法を習得する。それによって、絶望感から解放される。非暴力闘争に参加した経験を通して、かつては弱かった自分も強くなれるのだと、身をもって学ぶことができる。また、自分たちの勢力を増強させるために行動を起こす方法も実体験によって学べる。

・恐怖心の克服

非暴力行動を遂行する経験を積み、抵抗者は恐怖心を克服できるようになる。最初は、自分たちの恐れと怒りを制御する必要があるかもしれない。だが、やがて、怖気《おじけ》を捨てるだろう。相手からの鎮圧に直面しても毅然と対応できる術を身に付ける中で、恐ろしさから放たれる感覚を体得できる。今や、抵抗者にとって鎮圧の苦難に耐えることとは、自分たちの目的のために尽くすことを意味する。相手が課す制裁に対して抵抗者が恐れの感情を抱かなくなると、人々の恐怖心をあおって従わせることで維持されてきた相手の主要な権力の源泉のひとつが、その効力を失うことになる。すると、相手の体制は弱体化するだろう。何より、人々は自らを抑圧から解放するスキルを獲得していくであろう。

・自尊心の高まり

そもそも、ヒエラルキーの階層体制が存続する理由のひとつは、自分を劣っていると見なして支配者に打ちなびく追従者が存在するからである。こうした劣等感と追従の結びつきを踏まえると、人がそのヒエラルキー体制に挑戦し、その体制を撤廃するとき二つのステップを経る。まず、誰かと比べて自分は劣った人間ではなく完全な人間であると、支配者に従属してきた集団のメンバーが非暴力闘争への参加を通して自分自身を認めることである。次に、支配者に従属してきた人たち々がやはり非暴力闘争に参加する中でそのように改まった自己認識と行動を一致させていくことである。このようにして人々が自己認識と行動を変えることができれば、目の前の支配者集団に影響を与えることができるだろう。長期的に見ても、さまざまな面で非常に重大な影響をもたらすであろう。

・充足・熱意・希望の獲得

非暴力闘争で困難に遭遇してきたにもかかわらず、抵抗者はその困難な経験の中にやりがいを見出すかもしれない。闘争参加者は心のありようを新たにし、自らの価値を自覚し、未来に希望を抱くだろう。

・攻撃性・男らしさ・犯罪・暴挙への影響

非暴力行動に参加して、人々は、折にふれ、従来説を覆したり従来説とは真逆のことを証明したりする場面を経験してきた。その従来の説とは、とりもなおさず、非暴力行動と人間の攻撃性・男らしさ・犯罪・暴挙の見込みとの関係をめぐってこれまで当たり前と見なされてきた事柄である。非暴力行動は攻撃性・男らしさ・犯罪・暴挙にどのような影響をもたらすだろうか。

一　非暴力闘争の参加者は、暴力を用いなくても非暴力という戦術で鋭さを失うことなく相手に攻撃性を示すことができる。この点をうまく言い表しているのは、「私はいつも自分の敵のことを大好きだと思うようにしています。なぜかというと、私がそう思うこと、それこそがその敵をとても苛立たせるからなのです。」というある参加者の言葉である。

二　（ジェローム・D・フランク〔アメリカの精神科医（一九〇九〜二〇〇五）〕の言葉を借りると、）非暴力闘争は「男らしさと暴力の心理学的な関係」も覆してきた。実際、非暴力闘争では、暴力に逃げず、暴力に頼らずに深刻な危機に立ち向かう用意があるほうが、ただ暴力に訴えるよりよほど「男っぽい」と見なされるだろう。非暴力での挑戦によって、闘争集団は本来の意味でのたくましさを鍛え、相手集団よりも優勢な立場を固めることができる。

三　非暴力行動は従来の体制で不利益を被ってきた民衆が引き起こす犯罪や他の反社会的行為の件数を減少させることにもつながるだろう。

四　暴挙をはたらかずとも人々の感情や社会的憤慨を発散する場を非暴力行動は提供する。

五　非暴力の手法だけを用いて闘争する根拠を自ら理解する中で、人々は相手への敵対心を和らげるようになる。また、その中で、非暴力の手法全般をさらに肯定的に評価するようにもなる。

六　非暴力の手法を貫くことで、闘争集団全体が社会心理学的な影響を受けて、社会という環境のもとで意識や行動を変えるだろう。

七　人々は実際に非暴力行動に取り組んでみると、暴力に頼るしか道はないと最初は思っていたケースでも、たしかに非暴力行動は実践的で効果的かもしれないと、より意識的で理性的な次元からも納得するに至るであろう。

このような変化をまったく実感しない非暴力闘争の参加者もいるかもしれない。もしくは、わずかな者だけがこのような変化を体感するかもしれない。いずれにせよ、非暴力闘争の時期・相応の経験・ある程度の成功体験・集団のサポートシステム次第で内実は異なる。

・集団の団結力の強化

従来の体制で不利益を被ってきた民衆と非暴力抵抗者とが集団として一致団結していると き、非暴力行動の効力は増大する。多くの場合、暴力を行使するには、年齢、ジェンダー、身体的条件、信条、物理的距離などの点で制限を受け、その意味では、特定の人は暴行をはたらくことはできない。しかし、そうした暴力行動とは違って、非暴力行動は広範で多様な参加者に開かれているし、人々の集団内の結束をより強くするように見受けられる。

・集団内部の協働関係の拡充

非暴力闘争の参加者が相手や相手方の体制への協力のルートを封じても、それがそのまま大混乱や無秩序に結びつきはしない。それによって、従来の体制のもとで不利益を受けてきた民衆の間に、特にそのうち非暴力行動にたずさわる人たちの間に、かつてより強い協働関係が築かれることになる。というのも、相手に対抗して非暴力運動を継続するには、人々の間で組織力・協調・相互支援を強化して、社会のニーズに沿いながら社会秩序を維持することが求められるからだ。たとえば、非暴力行動集団が特定の制度をボイコットしようとすると、あらかじめ代替制度の対応能力を増強しておくか、新たな制度を設けておくかといった準備を行うことが不可欠となる。

他にも例をあげると、経済ボイコットを行う際には、別の財源を用意しておき、人々の経済的な需要をまかなう必要がある。もう一つだけ例を出すと、政治的な非協力に打って出るときは、究極的には現体制と二重に並び立つ体制を想定しつつ、現体制に代わる役割を果たせるような社会的・政治的機関を整備しておかなければならない。

・非暴力行動の伝播

非暴力行動が多少なりとも威力を発揮すると、非暴力の手法は拡散していくだろう。一度非暴力行動の効果を実感した人々は、のちに別の状況下でも再び非暴力行動を用いるかもしれない。そうして、他の人々もそれに倣うであろう。暴力行動も伝播して人々に広まるだろうが、非暴力行動は暴力行動とは全く異なる帰結を迎える。

・非暴力闘争の結末

非暴力闘争集団が仕掛ける闘いが相手集団に及ぼす影響は、非常に重大である。しかし、長期的に見れば、その闘いが闘争集団に与える影響力は、相手集団に与える影響力を超えてさらに広範囲に及ぶ。ゆえに、自分たち闘争集団への影響力のほうがはるかに重要と言ってよいかもしれない。従来の体制のもとで不利益な扱いを受けてきた民衆の勢力が強まると、闘争集団と相手集団との間の力関係はきっと持続的に変わっていくはずである。

権力の分散と非暴力行動の戦術の相関

自由な社会に必要なのは、他に依存せず独立して動き、自らの裁量で力を行使できる強力な社会集団や社会機関である。既存の抑圧的な統治機構や国内外の強奪政権をコントロールするためには、自立した母体が必要だろう。そのような集団や機関が現時点では脆弱な場合、何らかの方法で団体や組織を強化することが求められる。そもそも、そのような集団や機関が存在しないのなら、制御されるのを何より嫌がる支配者を制御する独立した団体や組織を創設しなければならない。

ここに、社会的組織の問題と政治的手腕の問題とが結びつく。社会での相対的な権力の集中あるいは分散という権力のありかたと、人が政治暴力に訴えるのかそれとも非暴力行動に出るのかという権力闘争を闘う技術との間には、因果関係があるかもしれない。片や権力が一極に集中している社会では、人はその権力体制を維持するために暴力的な制裁という最終手段を選び、片や権力が分散している社会では人は変革を求めて非暴力行動の戦術を選ぶというように、社会権力構造と政治行動にはつながりがあるかもしれない。

・暴力と権力の一極集中

国家権力が絶対的に強大になるにつれ、そして、支配権力の集中が相対的に高まるにつれ、暴力による革命や戦争が勃発し、頻発するケースが多いということは広く認識されてきた。

軍事技術革新が進んで、民間人に必要とされる技能と軍人に必要とされる技能の境目がなくなってきたために、かつてのような民間人と軍人の明確な区別は消滅した。そうした中で、軍事権力集中の傾向が加速してきた。その結果、民間人で組織する軍閥が国内紛争や国際紛争で組織や武器を一極に集中させて押さえこむようになる。やがて、その勢力は、政府や市民をコントロールし、一極集中の政治的支配力を掌握しようとするだろう。こうした政治暴力は独立した組織を押しつぶすことにつながる。したがって、独立した強力な組織から構成される社会と比較した場合、大規模な政治暴力がはびこる社会では、一般市民が国内外の抑圧者に抵抗できる余地は少ない。

・非暴力行動と権力の分散

政治暴力とは異なり、非暴力行動は社会の権力の分配に長期的な影響を及ぼすようである。政治暴力はその影響力を一極に集中させるが、非暴力行動はその影響力を一極集中させることはない。市民が非暴力行動に従事すると、積極的に権力制御に関わっていく機会が増える。それにより、人々が自由を享受するチャンスが増えるだろう。結果として、人々が独裁政権よりも民主政権を謳歌する見込みは大きくなるであろう。

暴力闘争に必要な統率力と比較すると、非暴力闘争に必要な統率力はより民主的なものだと言える。非暴力闘争の指導者は闘争集団を率いるのに、暴力的な制裁を課さない。道徳的権威、政治的・戦略的判断、市民からの支持を備えているとメンバーが賛同する者に、指導者の資格が与えられる。暴力闘争の指導者に比べて、非暴力闘争の指導者が暴君になるケースは少ないだろう。なぜなら、非暴力行動を通して、市民はより活発な自治を行えるようになるからだ。

非暴力闘争では、兵器や弾薬を制限したり配布したりして指導者が一極支配を打ち立てるはずがない。なぜなら、非暴力行動の「武器」は物質的なものではなく、暴力を使わないこと自体だからである。

現在社会で独立している機関には、最初から組織力が備わっていたわけではない。実際に非暴力で抵抗する際に果たした役割を通して経験値を上げる中で、その組織力は強化されてきたのであろう。そのため、非暴力闘争後に訪れた平時には、独立した機関はより安定して組織を機能させることができるだろう。他方、非暴力闘争後に再び危機的な状況に陥ったときには、独立した機関は独裁的な圧力に抵抗する拠点組織となってより大きな役目を果たすことができるだろう。

非暴力行動にたずさわる経験は、注意の行き届く、規律正しい、勇敢な市民として人々が成長する機会になりうる。さらに言えば、民主主義を打ち立て、いざとなれば民主主義を守ることができる市民として成長する機会になりうる。こうした資質を養った人々は、来るべき時機に社会で活躍できる実力が備わっているという自信をきっと深めているだろう。

暴力の代わりにあえて非暴力行動を選択すれば、一方の集団の暴力がもう一方の集団の暴力を生むという暴力の連鎖が続くのを食い止められるかもしれないと主張されてきた。また、そうすれば、特に政界で、頻繁に広く激しく暴力がエスカレートするのを食い止めることができるかもしれないとも主張されてきた。もしそうした主張どおりならば、人々の非暴力行動は広範で、深淵な影響力を持っているかもしれない。

しかし、非暴力闘争集団が抑圧的な政府を打倒し、暴力の連鎖やエスカレートに歯止めをかけただけでは、人々は活気に満ちた、持続可能な民主主義を実現できない。実際に、ひとたび独裁政府が打ち倒された後に、別の新たな独裁的な集団が国家を掌握した前例もあるのだ。したがって、支配者の抑圧に異議を唱える人々にとって重要なことは、新しい民主的な社会構造を長期的視点から入念に計画することである。だからこそ、人々は自律し独立した社会組織づくりに励む必要がある。さらに、きわめて大事なのは、新たな独裁政権を打ち立てようと企むいかなる者にもひとりひとりが抵抗できるように、日頃から市民が実力を涵養しておくことである。もしくは、市民がかつてはそうして抵抗できていたのであれば、市民がその実力を回復させることである。非暴力闘争に勝利した後も、苦労してようやく手に入れた自由を守るために、広く一般の人々こそが非暴力闘争についてひととおり理解し、非暴力闘争の戦略に関する知識を深めなければならない。

今後非暴力闘争の実践や効力が広がっていくかどうかは、われわれひとりひとりが非暴力行動の性質についての見識を磨けるかどうかにかかっている。また、主要な社会的・政治的なニーズに応えるために、われわれが非暴力行動を駆使する技量を高めていくことが求められる。そうして、非暴力行動という選択肢について、われわれは社会全体で深い理解を共有しなければならない。さらに、実際に闘争で非暴力行動の戦術を使いこなすにあたって不可欠な戦略的な洞察力やスキルも培っていく必要がある。

実に、力を尽くして自らの役割を果たす中で、多くの人はすでに自分の内に備わる非暴力で行動する能力を養うことができる。

ジーン・シャープの著作案内

＊書籍

(1) *Sharp's Dictionary of Power and Struggle: Language of Civil Resistance in Conflicts.* Oxford and New York: Oxford University Press, 2012.

(2) *Waging Nonviolent Struggle: 20th Century Practice and 21st Century Potential.* Boston: Porter Sargent Publishers, 2005.

(3) *Making Europe Unconquerable: The Potential of Civilian-Based Deterrence and Defense.* London: Taylor & Francis, and Cambridge, MA: Ballinger, 1985.

(4) *Resistance, Politics, and the American Struggle for Independence.* Co-editor with Walter Conser Jr., Ronald M. McCarthy, and David J. Toscano. Boulder: Lynne Rienner, 1980.

(5) *Social Power and Political Freedom.* Boston: Porter Sargent Publishers, 1980.

(6) *Gandhi as a Political Strategist, with Essays on Ethics and Politics.* Boston: Porter Sargent Publishers, 1979.

(7) *The Politics of Nonviolent Action. (Now in three volumes: Power and Struggle, The Methods of Nonviolent Action,* and *The Dynamics of Nonviolent Action.)* Boston: Porter Sargent Publisher, 1973.

(8) *Exploring Nonviolent Alternatives.* Boston: Porter Sargent Publisher, 1970.

(9) *Civilian Defense.* Co-authored with Adam Roberts, Jerome D. Frank, and Arne Næss. London: Peace News, 1964.

(10) *Gandhi Wields the Weapon of Moral Power: Three Case Histories.* Ahmedabad: Navajivan Publishing House, 1960.

＊冊子・パンフレット

(1) *Self-Liberation: A Guide to Strategic Planning for Action to End a Dictatorship or Other Oppression.* With the assistance of Jamila Raqib. Boston: Albert Einstein Institution, 2010.

(2) *There are Realistic Alternatives.* Boston: Albert Einstein Institution, 2003.

(3) *The Anti-Coup.* Co-author with Bruce Jenkins. Boston: Albert Einstein Institution, 2003.

(4) *From Dictatorship to Democracy: A Conceptual Framework for Liberation.* Bangkok: Committee for the Restoration of Democracy in Burma, 1993 and Boston: Albert Einstein Institution, 2002, 2003, 2008, 2010, 2011, 2012. London: Serpent's Tail, Profile Books, 2011. New York: New Press, 2012.

(5) *The Role of Power in Nonviolent Struggle.* Cambridge, MA: Albert Einstein Institution, 1990.

(6) *Civilian-Based Defense: A Post-Military Weapons System.* With the assistance of Bruce Jenkins. Princeton: Princeton University Press, 1990.

(7) *Nonviolent Struggle: An Efficient Technique of Political Action, An Interview.* Jerusalem: Palestinian Center for the Study of Nonviolence, 1988.

(8) *Making the Abolition of War a Realistic Goal.* New York: Institute for World Order, 1981, 1983 and Boston: Albert Einstein Institution, 1985.

(9) "'The Political Equivalent of War'—Civilian Defense," *International Conciliation,* whole issue, no. 555. New York: Carnegie Endowment for International Peace, November 1965.

(10) *Tyranny could not Quell them!* London: Peace News, 1958.

さまざまな言語の翻訳版も含め、選りすぐりのジーン・シャープの著作一覧は以下のウェブサイトで入手可能である。

www.aeinstein.org

アルベルト・アインシュタイン研究所の使命

当研究所の使命は、紛争の局面での非暴力行動を研究し、その戦略的利用を世界で推し進めていくことである。

当研究所は以下の三つの活動に取り組んでいる。

一 民主的な自由と組織を守ること
二 抑圧・独裁・虐殺を阻むこと
三 暴力に頼る政策機関を押しとどめること

当研究所は、以下の三つの方法によって上記の使命を遂行する。

一 さまざまな紛争下での非暴力行動の手法や過去の事例に関する調査・政策研究を推進すること
二 出版・会議・メディアを通して調査研究結果を社会の人々と共有すること
三 非暴力行動の戦略的な活用について紛争地域の人々に助言を行うこと

＊原書注

(1) オリジナルの著作については以下を参照いただきたい。Gene Sharp, *The Politics of Nonviolent Action.* Boston: Porter Sargent Publisher, 1973. また以下のサイトで同著作の購入が可能である。http://www. extendinghorizons. com.〔日本語の訳書はない。以下、日本語の書誌情報の紹介がないものはすべて同じ。〕

(2) たとえば以下の著作を参照いただきたい。*The Politics of Nonviolent Action* および Gene Sharp, *Waging Nonviolent Struggle: 20th Century Practice and 21st Century Potential.* Boston: Porter Sargent Publishers, 2005.

(3) 二〇一一年に発表されたある研究では、その比較の必要性を熱心に問い直そうとしている。以下を参照いただきたい。Erica Chenoweth and Maria J. Stephan, *Why Civil Resistance Works: The Strategic Logic of Nonviolent Conflict.* New York: Columbia University Press, 2011.

(4) 同様に戦略をめぐって詳細な分析を行っている以下の書籍を参照いただきたい。Gene Sharp, *Waging Nonviolent Struggle: 20th Century Practice and 21st Century Potential.* Boston: Porter Sargent Publishers, 2005.

(5) この重要な非暴力闘争の事例の詳細については前掲書(4)の第五章を参照していただきたい。

(6) この点を詳しく解説している「非暴力闘争の結末を決定づける要因のまとめ」については、前掲書(1)の八一五〜八一七ページを参照いただきたい。

(7) 真剣に非暴力行動を計画している者は以下の書籍で研究してほしい。この書籍はクーデターの試みをいかに事前に食い止め、万が一クーデターが発生した場合にはいかにしてそれを挫くかについての手引書である。Gene Sharp and Bruce Jenkins, *The Anti-Coup.* Boston: Albert Einstein Institution, 2003.

訳者解説　ジーン・シャープの非暴力行動のすすめ
——無責任からの脱却

谷口真紀

ジーン・シャープは、アメリカ合衆国を拠点に非暴力行動の研究をけん引した政治学者です。民衆が物理的な暴力を使うことなく支配者に抵抗する方法を追求し続けました。近年、実際にシャープの非暴力行動の理論にのっとって独裁政権を打倒した事例もあり、民衆の手で暴力の連鎖を断ち切り、社会を変革していける非暴力行動の効力に世界各地で注目が集まっています。

民衆が独裁体制を切り崩すために立ち上がり、非暴力行動を起こす。今、幸いにも独裁政権下にはない日本に暮らす人々にとって、それはどこか遠い国の話のように思われるかもしれません。非暴力行動の知識や技術を身につけることは、日本では優先課題とは見なされていないかもしれません。しかし、非暴力行動という選択肢を他人事としてとらえたままだと、足元をすくわれかねません。現在、日本で生活する人々も含め世界の誰もが、緊張感をもって非暴力行動という選択肢を自分の手元においておくべきなのです。

シャープが提言した非暴力行動の理論に親しむべきなのはなぜでしょうか。この大きな問いに迫れるよう、さらに六つの小さな問いを以下に立てました。それぞれの問いが手立てとなって、読者のみなさんがシャープの非暴力行動のすすめについて理解を深めつつ、最後には大きな問いに対して自身の答えを見つけることができれば幸いです。[*1]

第一の問い　シャープはどのような人物でしょうか

最初に、一九二八年生まれのシャープの足跡をたどりましょう。二〇一八年一月、シャープは九〇歳で逝去しました。『独裁体制から民主主義へ』（日本語訳は瀧口範子、筑摩書房）をはじめとする著作は、彼が残してくれた大いなる遺産です。どのような政治状況に置かれていても、非暴力という武器を手に闘争を仕掛ければ民衆は社会を変えていけるという渾身のメッセージが、この著作には冷静に綴られています。

シャープが非暴力行動研究の道に足を踏み入れたきっかけは、インドの政治指導者マハトマ・ガンディーのサティヤーグラハと呼ばれた非暴力不服従運動の研究でした。当時は非暴力の研究がまとまったひとつの学問分野として整理されていなかったため、シャープは自らその道を開拓しながら進むしかありませんでした。やがて、非暴力行動研究の先駆者のひとりに数えられるまでになりました。

これまでに、シャープは通算四度ノーベル平和賞の候補に挙がりました。著作を通して草の根の人々の民主化運動に直接的・間接的に影響を与えてきたことが評価されたのです。中でも、すでにふれたように、一九九四年に刊行された代表著作『独裁体制から民主主義へ』の影響力は絶大でした。これは、民衆が独裁者に非暴力闘争で挑むための具体的な方法の手ほどきです。

事実、『独裁体制から民主主義へ』は、ビルマ（ミャンマー）の民主化運動を後方支援する指南書をベースに生まれたものでした。アメリカに亡命したビルマの民主化運動の指導者ウー・ティン・マウン・ウィンは、自分が編集を担当している機関紙 "*The New Era Journal*"（新時代）にビルマの民主化運動の教本を書いてほしいとシャープに依頼したのです。[*2] 一九九三年、ビルマと国境を接するタイのバンコクで、シャープの手引きはビルマ語と英語の両方の言語で機関紙に連載されました。[*3] 翌年の一九九四年には、やはりバンコクで、その連載をまとめた小冊子がビルマ語と英語の両言語で出版されました。[*4] それが『独裁体制から民主主義へ』という本の土台になったのでした。ただ、当時のビルマの軍事独裁政権はその小冊子を発禁処分とし、二〇〇五年の時点でも冊子を所持していただけで七年の懲役刑に処せられたそうです。[*5] それでも、監視の目をかいくぐって、シャープの指南書は人から人の手に渡り、熱心に読まれました。ビルマの民主化運動を国外から支援しようとした活動家たちが、シャープの書物に事態打開のヒントを求めたのでした。[*6] まさに、シャープは著作を通してビルマの民主化運動を理論的に率いる役目を果たしたと言えます。

そういえば、ノーベル平和賞の候補としてシャープにスポットライトが当たっていた最中の二〇〇七年、ある陰謀説がささやかれたことがありました。シャープはアメリカ政府と共謀して海外に親米派の政権樹立を企てているというものでした。もちろん、それは根拠のない話です。心ない人々がシャープの著作の影響力に脅威を感じてそのような風評を流しただけですが、それはビルマをはじめ各地での民主化運動に彼の著作が及ぼした威力がそれだけ大きかったということを逆に物語っています。

「非暴力闘争でのクラウゼヴィッツ」というのがシャープのあだ名です。非暴力という武器を駆使した戦闘の理論家であったシャープを、この呼び名はうまく言い当てています。カール・フォン・クラウゼヴィッツは、一七九九年から一八一五年のナポレオン戦争で才能を発揮したプロセインの軍事学者でした。そのクラウゼヴィッツが練った緻密な戦略に匹敵するほど、シャープが練った非暴力行動の戦略も緻密です。シャープが丹念に立てた戦略は、長年の地道な研究のたまものです。歴史上の独裁体制の事例を徹底的に分析した結果、彼は非暴力行動の仕組みを導き出しました。一九六八年にイギリスのオックスフォード大学で政治理論の博士号を取得後、アメリカのマサチューセッツ大学ダートマス校で教鞭をとるかたわら、ハーバード大学国際関係センターで研究員を務めました。一九八三年に非営利のアルベルト・アインシュタイン研究所を設立して以降は、非暴力行動の研究と実践を促進する活動に専念しました。

ちなみに、アルベルト・アインシュタイン研究所の命名は、物理学者のアルベルト・アインシュタインに由来します。一九六〇年、シャープはガンディーの非暴力不服従運動についての研究をまとめた著作*“Gandhi Wields the Weapon of Moral Power”*[*7]（ガンディーが行使した道徳という武器の威力）を発表しました。その本に序文を寄せてくれたのがアインシュタインでした。それに先立つ一九五三年、朝鮮戦争のための徴兵を拒否したために投獄されたシャープに、アインシュタインは励ましの言葉を送っていました。[*8] 研究所の名前には、そうしたアインシュタインへのシャープの感謝の念が込められています。

シャープは、アルベルト・アインシュタイン研究所のホームページ上で、自著のほとんどを無料でダウンロードできるようにしました。研究成果を一般の人々と共有し、その活用範囲を広げることを何より重視したからです。また、世界各地の人々の要望に応じて、自らの英文著作の翻訳も充実させました。彼の英文著作はアラビア語・ヘブライ語・タミル語・カレン語・タイ語をはじめ五〇を超える言語に翻訳されています。

数ある彼の著作のうちで日本語に翻訳されているのは三冊です。一九七二年に哲学者の小松茂夫が『武器なき民衆の抵抗』[*9]を刊行し、初めて日本の人々にシャープの著作を紹介しました。その後六〇年を経て、二〇一二年にジャーナリストの瀧口範子が先ほど紹介した『独裁体制から民主主義へ』[*10]を訳出しました。続いて、二〇一六年に政治学者の三石善吉が『市民力による防衛』[*11]を発表しました。本書『非暴力を実践するために』はシャープの日本語の訳書の第四弾です。すでに三冊の翻訳が出回っていても、世界の他の地域に比べて、日本ではシャープが提示する非暴力行動論にはさほど注目が集まっていないのが現状です。その原因のひとつとして、シャープの非暴力行動論の基本編を飛ばして、いきなり本編や応用編を世に問うたことが考えられます。シャープの非暴力行動論の基礎を理解するための入門書の翻訳が、日本の読者の手元にはないままでした。そうした背景のもとで送り出すのがこの案内書の日本語訳です。シャープの非暴力行動論に馴染みのない読者をターゲットにした本書には、その基本的な枠組みがわかりやすく解説してあります。

かくして、民衆が暴力の連鎖を食い止め、自由を手にするための実践方法を差し出すことを自らの使命として、シャープは非暴力行動の研究に打ち込み、彼なりの戦略を編み出し、その務めを全うしたのでした。

第二の問い　シャープが提唱した非暴力行動とは何でしょうか

次に、シャープが考え抜いた非暴力行動の仕組みを解体しましょう。本書四三頁に示されている定義によると、非暴力行動とは物理的な暴力を使わずに権力と闘争することです。権力者の暴力にただ反対の声をあげる行動ではありません。正義がまかり通らず、公正が損なわれている体制に暴力以外の方法で闘争を仕掛ける積極的な行動です。権力を握っている人間に対する攻撃ではなく、権力のシステムに対して攻撃をかけることです。

シャープが提唱する非暴力行動論を理解するにあたって、確認しておくべきことがあります。

言うまでもないことですが、シャープの非暴力行動論は世界平和実現のための万能薬ではありません。平和の実現という大きな課題解決のために一人の人間ができることは限られています。さまざまな人々がさまざまな切り口で取り組んできた、そして取り組んでいくべき課題です。次の三点をふまえることで、シャープ自身は何を突破口にしてその課題解決に挑んだのかが見えてきます。

一つ目は、シャープの非暴力行動論の主目的は、暴力のまったくない理想の世界を生み出すことではなかったという点です。彼は紛争や対立にまみれた現実の中で民衆が暴力の連鎖を断ち切るための第一歩を踏み出す方法を提示しようとしました。それは暴力を完全に排除した理想郷を出現させる方法とは違います。

二つ目は、シャープの非暴力行動論の主目的は非暴力行動に立ちあがる参加者の犠牲をゼロにすることではなかったという点です。もちろん、犠牲者を多数出すことでもありませんでした。彼はリスクを引き受けながらも民衆が自分と他者の命を守れるような自己管理の方法を提示しようとしました。それは最初から一切の犠牲を避ける方法とは違います。

三つ目は、シャープの非暴力行動論の主目的は、軍事によらない安全保障を実現させることではなかったという点です。彼は民衆が軍事力に訴えずに不当な権力に抵抗していく方法を提示しようとしました。それは国や地域の軍隊を一掃する方法とは違います。

こうしてみると、シャープは非暴力行動によって達成できることとできないことをわきまえて、その方法を指南したと言えます。多岐にわたる社会問題をすべて民衆の非暴力行動で解決しよう、解決できるとは、ひとことも言っていません。あくまで、彼の非暴力行動論の照準は民衆が自らの力で支配や抑圧のシステムを打ち壊すという一点に絞られています。自分たちの命の尊厳を脅かす権力構造に否をつきつけるということです。

シャープの非暴力研究の最大の成果のひとつは、「非暴力行動の一九八の手法」というたいって具体的な非暴力の戦術をまとめたことです。一九八の戦術は本書の四九～七〇ページに示されています。[*12] 彼は歴史上の闘争や革命の事例から一九八の非暴力行動を抽出して一覧を作成しました。搾取・圧制・侵略を生み出す社会構造を分析し、人が作りあげた社会システム自体が特定の個人や集団に振るう構造的暴力を検証したうえで、民衆がそうした構造的暴力を切り崩したケースをひとつひとつ洗い出したのです。一九八の手法をひとことで言うと、権力構造に加担することを避けるための積極的な選択肢です。それは大きく三つのカテゴリーに分類できます。「抗議・説得」、「非協力」、「介入」の三つです。「抗議・説得」は民衆が支配者に異議を示す手段です。「非協力」は民衆が支配者との関係を拒む手段です。「介入」は民衆が支配者に直に挑戦をつきるける手段です。

第一のカテゴリーの「抗議・説得」の実例として、現在のセルビア・モンテネグロ、かつてのユーゴスラビア連邦共和国で実際に試みられた非暴力行動を紹介しましょう。二〇〇〇年に「オトポール！」という若者を中心とした非暴力のキャンペーンで用いられたのが、リストの二八番目の「象徴的な音をたてる」ことです。独裁を敷いていた大統領のスロボダン・ミロシェヴィッチ率いる政権がきまってテレビで政権番組を放映する夕刻に、各家庭で一斉にフライパンを叩くなどして意図的に騒々しい音をたてました。人々は示し合わせて騒音を出し、番組を見ている人たちから漏れ聞こえる放送音をかき消すことで、自分は政権には耳をかさないと、政権への抵抗の意志を表明したのでした。抵抗勢力は日増しに大きくなり、結局、同年にミロシェヴィッチは退陣に追い込まれました。

第二のカテゴリーの「非協力」の実例として、アメリカで実際に試みられた非暴力行動を紹介しましょう。一九五五年に公民権運動で用いられたのが、リストの七一番目の「消費者が特定の商品／サービスを拒む」ことです。当時、アメリカ南部の諸州でバスの座席や停留所でアフリカ系アメリカ人の場所を他から隔離する政策がとられていました。その公共交通機関の人種隔離政策への抗議を表すため、アフリカ系アメリカ人の人々はおよそ一年にわたって地元のバスの乗車を拒み、徒歩で通勤・通学をしました。公共交通機関のサービスをボイコットすることで、人種差別体制そのものへの加担を断固として拒否する姿勢を示したのです。それにより、バス会社の経営は大きくダメージを受け、会社は方針を変更させざるを得なくなりました。それとともに、バス・ボイコットは人種隔離政策に反対する世論を形成し、結果として、同年に合衆国連邦最高裁判所はバスの人種隔離は憲法に違反するという判決を下しました。

第三のカテゴリーの「介入」の実例として、フィリピンで実際に試みられた非暴力行動を紹介しましょう。一九八六年に民衆運動のピープルパワー革命で用いられたのがリストの一七一番目の「身体を差し挟む」ことです。これは自らの身体を何らかの物体に差し出して、事態に直接介入することをいいます。独裁体制をとっていたフェルディナンド・エドラリン・マルコス大統領に異議を唱えるために集まった人々を政府軍が戦車で制圧しようとしたときのことです。カトリックの聖職者を含む民衆はその戦車に素手でよじ登って、自分たちの身体を戦車に差し挟み、戦車の行く手を阻みました。身体を張って緊迫した衝突の場を収め、軍隊が大勢に危害を加えるのを阻止したのでした。こうした人々の勇気ある姿が民衆運動を大いに活気づけ、その後、同年にマルコス大統領は失脚しました。

以上の三つはあくまで事例の概略です。シャープが提唱した非暴力行動の仕掛けを解説することがここでの目的ですので、ひとつひとつのケースを詳しく説明することはいたしません。ですが、読者のみなさんに注目していただきたいのは、三つの実例すべてを、さらには一九八通りの手法のすべてを貫く非暴力行動の仕組みです。それは支配者が頼みにしている権力の源を切断し、支配体制の権力を弱体化させて、最終的には権力を手放さざるを得ない状況に支配者を追い込む仕組みです。

これは組体操の人間ピラミッドを例えにするとわかりやすいかもしれません。次の図一をご覧ください。組体操の人間ピラミッドの頂点に人が立っていられるのは、その人を支え続ける下の人間がいるからです。続いて、図二をご覧ください。仮に組体操の一番下の列の右から二番目の人間が、思うところがあって、その支えの手をわざと緩めたとします。すると、それだけでピラミッドには動揺が走り、やがてピラミッドはぐらつき、最後には頂点に立つ人は崩れ落ちてしまいます。この状況を生み出すための綿密な戦略がシャープの非暴力行動の理論です。

図一　機能する支配体制

図二　機能不全の支配体制

「いやいや、実際にはそんなに簡単にいくはずはない」と思われるかもしれません。あるいは、「激しい支配者の暴力に抗うにはそれを上回る暴力で挑むしかない」と思われるかもしれません。けれども、いずれにしてもシャープの答えはノーです。民衆ひとりひとりの地道な非暴力

行動は、暴行よりも強大な威力を秘めていると彼は考えました。なぜなら、非暴力行動は支配者の一番の泣き所にダメージを与えることができるからです。支配者の最大の弱点とは、民衆からの協力を失い、ひとり取り残されることです。非暴力行動は支配者の暴力に暴力で対抗する代わりに、支配者が間接的・直接的に頼みにしている民衆からの協力を民衆自らの手で断ち切って、支配者の権力を揺らがせるきわめて合理的な抵抗戦略です。

たとえ民衆が手投げ弾で支配者を攻撃しても、支配者は空爆で報復に出ます。そうして、暴力のループが続いていきます。しかし、非暴力には空爆さえ押しとどめることができる打撃力があります。支配者が航空機で民衆に爆弾を落とすことができるのは、支配者の意のままに動く人間が支配体制のどこかにいて、航空機の燃料・部品・費用の供給を含め、支配者に協力するピラミッドの体制が存続しているからです。人々が支配者への協力を拒むことで、その支配体制を骨抜きにすることができます。誰かが航空機の燃料供給を拒めば、操縦士は航空機を動かせず、機体から降りなければならず、支配者は空爆命令を遂行させることができなくなります。もしくは、燃料が満タンであっても、操縦士が航空機に乗り込むことを拒んだならば、支配者は空爆命令を引っ込めるほかなくなります。

このように、非暴力行動とは、民衆ひとりひとりが支配者への協力を拒絶して、支配の仕組みをひとつひとつ崩していき、最終的にその支配者がなすすべもなく取り残される状況を戦略的に作り出していくことです。

第三の問い　シャープの非暴力行動論は何を基盤にしているでしょうか

続いて、シャープがガンディーから受け継いだ非暴力の知恵に着目します。すでに述べたように、シャープの非暴力行動の理論は著作 *"Gandhi Wields the Weapon of Moral Power"* をはじめとするガンディー研究が下敷きになっています。シャープはガンディーが率いた非暴力不服従運動の積極性・戦略性・主体性の三つの要素を学び取りました。

第一に、シャープは非暴力を積極的な手段と見なすガンディーの考え方を継承しました。ガンディー自らが証言しているように、非暴力という言葉はガンディーの造語です。*13 ヒンドゥー教・仏教・ジャイナ教の重要教義のひとつで、すべての生き物を殺したり傷つけたりすることを禁じるアヒンサーをヒントに、ガンディーは非暴力という言葉を造り出しました。非という否定語が含まれていますが、消極的な力を意味するのではなく、ガンディーはそこに積極的な意味を込めました。不当な暴政に立ち向かうために自らを制して暴力という安易な手段に流れないのは、精神的により崇高な手段であるととらえたのです。彼が導いた非暴力不服従運動は、暴力の虚しさを訴えるだけ、暴力を避けるだけに終わりませんでした。暴力に頼らず果敢に行動を起こすことで、社会の不正義や不公正に抵抗していくものでした。

こうしたガンディーの姿勢をシャープは受け継ぎました。その証拠に、シャープは本書四三ページで「ゆえに、非暴力行動は消極的な方法ではない。何もしないことではない。非暴力という手立てにもとづいて行動を起こすことなのである。（傍点原文）」と言っています。非暴力行動は自ら働きかける積極的なものだという出発点をシャープも強調しました。自分や他者を暴力で傷つけることなく、社会の支配体制に根付く構造的な暴力に毅然と対抗していくために民衆が身につけるべき技術だというのです。

第二に、シャープは非暴力を戦略的な手段と見なすガンディーの考え方を継承しました。積極的なガンディーの非暴力不服従運動はつねに入念な行動計画に裏付けられていました。ガンディーは敬虔なヒンドゥー教徒で、瞑想を欠かさず、禁欲を貫き、質素に暮らす中で培われた柔和さをたたえていました。ですが、それは彼の一面にすぎません。彼は大局的な視点から綿密に目標を設定し、作戦を選択する戦略家でした。*14 彼には抜け目のない、機転の利く策略家の横顔もあったのです。

こうしたガンディーのアプローチをシャープは受け継ぎました。非暴力闘争を遂行するにあたっての最重要条件のひとつは戦略に裏づけられた行動計画を立てることだと、本書九〇ページでシャープは明言しています。行動目標を統括する大戦略、その大戦略を推し進めるための戦略、そしてその戦略を実行するための戦術・作戦というように、組織的な行動計画を準備しておくよう呼びかけました。決してその場の勢いや感情にまかせて非暴力行動に乗り出してはならないと警鐘を鳴らします。戦いをいかに準備し、計画し、実行に移すかの策略が戦略です。言うまでもなく、これは軍事学の用語です。非暴力行動を実行するにあたって、長期的見通しにもとづいて入念に準備計画を立てることの重要性を人々に伝えるために、シャープはあえてこの軍事用語を使いました。非暴力運動の参加者が立ち向かう相手方である支配者たちは、軍事に長けています。その相手に太刀打ちするには、軍事的戦術を上回る周到な非暴力的戦術を練る必要があります。そのために、シャープも戦略家に徹しました。まさに、シャープが掲げた一九八の非暴力行動の方法とは、非暴力という武器を手にした民衆の兵士が仕掛ける戦術なのです。

第三に、シャープは非暴力を主体的な手段と見なすガンディーの考え方を継承しました。積極的にそして戦略的に暴力支配に立ち向かっていくには、自分自身の身体と精神を束縛から解き放つことが先決であると、ガンディーは訴えました。*[15]「インド独立の父」と呼ばれた彼は、英国の植民地支配の束縛とともに、カースト制度という身分階層の束縛によっても苦しめられていたインドの人々が内面から独立、自立を果たすことを目指していました。

こうしたガンディーの視座をシャープは受け継ぎました。シャープの非暴力行動の理論の原点を示すのが、本書二六ページの次のような記述です。

支配者にはあらかじめ権力が備わっているわけではない。権力は支配者の内側からではなく外側から発生するはずだ。支配者の権力は定まったものではない。社会が支配者に権力をどの程度認めるかで、支配者がどの程度権力を握ることができるかが決まる。政治権力の源泉は突き止められるのだ。

支配体制が存続するのは人々がその体制に何らかの協力をし続けているからだとシャープは言い切っています。たとえ絶望からの協力であっても、脅されての協力であっても、嫌々ながらの協力であっても、人々がそれを思いとどまらない限り、悪しき支配者に権力を与え続け、結局は支配者に加担していることになるというのです。その構造に気づき、自分たちの弱さや甘さを認め、権力者との関係を断ち切るよう人々に喝を入れました。独裁体制に苦しめられている側からすれば、シャープはずいぶん冷酷なことを言い放ったように思われます。民衆はなにも自ら望んで独裁体制のもとに暮らしているわけではなく、それどころか、そうした体制の被害者でしょう。しかし、だからこそ、彼は厳しい言葉を投げかけたのです。独裁政権からの自由を目指すのであれば、まず自分自身を自由にしなければならないというのが彼の真意です。自分が囚われている抑圧の仕組みを民衆が自覚し、その囚われから自らを解放し、主体的に生きるのをシャープも後押ししました。

このように、シャープはガンディー研究を通して非暴力の真髄を学び、積極的・戦略的・主体的な非暴力行動の方法を体系化していきました。

第四の問い　シャープの非暴力行動論の特徴は何でしょうか

さらに、シャープの非暴力行動のすすめの独自性に注目しましょう。ガンディーの非暴力不服従運動には見られない、シャープならではの理論はその実用性、中立性、具体性の三つにあらわれています。

第一に、シャープの非暴力行動論は実用的です。ガンディーは執筆を通しても非暴力不服従運動の重要性を人々に知らしめました。しかし、ガンディーはもともと活動家でしたから、その多くは機関誌への投稿エッセイで、非暴力不服従運動の理論化には至りませんでした。その一方で、研究者のシャープは非暴力行動の理論化を成し遂げました。しかも、その理論は研究者だけに向けて発表されたわけではありませんでした。彼の著作のターゲットはあくまでも独裁政権のもとで苦しむ民衆でした。彼は学術的裏づけを示しつつも、難解な語句を避け、読みやすいような著述を心がけていました。

いかにして独裁を防いだり、独裁を崩壊させたりすることができるかを、シャープは政治学者として真摯に考え続けました。膨大な事例研究の末、独裁体制は切り崩せるとの確信に至ります。「ついにその発見に到達した瞬間、何を感じましたか」と、かつてインタビューで問われた際、「ほっとした」と、彼はほころんだ顔で答えました。[*16] このひとことに研究者としての彼の謙虚さを垣間見ることができるでしょう。

ただ、弾圧が日々深刻な緊迫した現場では、人々にはシャープの著作をゆっくり紐解いている暇はありません。そうした人々が容易に彼の著作を入手できるよう、彼は対抗措置を講じました。それが先ほど話題に出したアルベルト・アインシュタイン研究所の設立でした。世界各地から彼の非暴力行動の指南書にアクセスできるように、長編の著作をダイジェスト版のパンフレットにしたり、五〇の言語におよぶ翻訳を取りそろえたりしました。そのほとんどが研究所のホームページ上に無料で公開されており、ダウンロードも可能です。そうなるとせっかくの著書の印税もあまり期待できません。ですが、彼の研究活動は学術界で名声を得たり、金儲けをしたり、象牙の塔にこもったりするためのものではありませんでした。抑圧に苦しんでいる人々に役立つ実用的な行動論を作りあげることに、彼は力を尽くしたのでした。

第二に、シャープの非暴力行動論は中立的です。ガンディーはインド国民会議という政党の指導者としての政治的立場を明確にして非暴力不服従運動を率いました。ただし、そのように特定の政治的立場を押し出してしまうと、別の立場をとる人々を端からけん制させ、遠ざける場合もあります。シャープにとって肝心だったのは、人々が彼の実用的な指南書を手に取るチャンスを最大限に広げることでした。そのため、シャープは自らの理論が特定の立場にくみするものではないことをつとめて強調していました。

同時に、シャープは著述の際に特定の状況に肩入れすることもありませんでした。当然のことながら、いかなる独裁政権も固有の歴史・地理・宗教・文化を背景に誕生し、存続してきました。シャープが著書にそうした特有の背景を書き込まなかったのは、彼がそれを無視していたからではありません。彼は個別の事情に共通する独裁政権の仕組みを導き出すことで、どのようなケースにも対応できる手引書を用意しようと努めたのです。そもそも、それが理論化の作業です。彼は膨大な事例を集め、その根底にある共通要素を抽出したうえで、独裁体制が維持される条件を見出し、独裁政権を打倒するための方法を形づくりました。冒頭で述べたように、『独裁政権から民主主義へ』というシャープの代表著作はビルマの民主化運動家を理論的に支援するために書かれたガイドブックを土台としています。ですが、この著書の本文にはビルマに関する記述は一切出てきません。それはビルマ以外の状況でも活用できるようにとシャープが意図したからです。さまざまな場所で虐げられている人々が自分たちの状況に引き寄せて非暴力行動の手引きを活用するのを想定してのことでした。実際、それが功を奏して、「この本はまるで自分の国のためだけに書かれたように感じる」という声が世界各地の活動家からシャープのもとに寄せられました。[*17] 特定の地域に暮らす人々に限定されない、幅広い環境で有効な非暴力行動の戦略を理論化したのが彼の学術研究の功績です。

ところで、このように政治的に中立のスタンスを貫いてきたにもかかわらず、シャープの政治的立場は偏っているという批判は依然として絶えません。一例を挙げると、二〇〇七年にベネズエラの大統領のウゴ・チャベスはシャープを名指しして、ベネズエラのクーデターを扇動するイデオローグだと警戒しました。しかし、シャープはチャベス大統領に書簡を送って事実の訂正を要求したばかりか、二〇〇三年に刊行した自分の著作 *"The Anti-Coup"*（反クーデター）[*18] をチャベス大統領に贈呈しました。[*19] この著作は一部の勢力が非合法的に武力を行使して独裁体制を倒すのではなく、一般市民が非暴力行動という合法的な方法で独裁体制を倒す道筋を説いています。そのような本をチャベス大統領に送るとは、シャープの対応は機転がきいています。相手がどのような政治的立場の人間であっても柔軟に応じることができるのは、シャープがどのイデオロギーにも傾倒していないことをかえって裏付けます。

第三に、シャープの非暴力行動論は具体的です。ヒンドゥー教の信仰に根ざしたガンディーの非暴力不服従運動の呼びかけは、神の名のもとに、神が示すようにと、時に理念的で抽象的な言葉が並びました。一方、シャープの非暴力行動のすすめには宗教的なトーンはまったく見られません。実用に即し、中立の視点を貫くためにも、彼は信条を述べるのではなく、非暴力行動のハウツーだけを示そうとしました。

というのも、シャープの本来の目的はあくまでも非暴力行動の方法や技術を人々に差し出すことにあって、人々の感情や道徳に訴えながら非暴力の価値や意義を説くこと自体ではなかったからです。人を諭すことに自己陶酔しない彼の姿勢を裏付けるのが本書一四五ページの次の言葉です。

ただし、抵抗者が非暴力行動を実践するのは、相手を「愛する」ためでも、それまでの信念を捨てて別の信念に転じるよう相手の改宗を試みるためでもない。実際、相手を愛することや相手に改宗を迫ることがゴールではない点こそが、非暴力闘争の際立った特徴なのだ。

実に、彼の非暴力行動のすすめは支配者の心を動かすことではなく、支配者がのさばっているシステムや関係に揺さぶりをかけることでした。シャープは神のご加護を頼りにするだけでは暴力の連鎖を断ち切れないと、具体的な対策や手段を落ち着いて講じることに徹しました。平和は願い、希望、祈りだけでは達成できません。世界各地で紛争が今なお絶えないのは、信念や道徳が足らないからだけでないでしょう。現実的な手法が足らないからでもあるでしょう。彼の非暴力行動のすすめは宗教的・道徳的な説教ではなく、どこまでも合理的・客観的な戦略でした。

このように見ると、シャープの非暴力行動論の持ち味は際立っています。彼は非暴力行動の理論を実用的・中立的・具体的なものに練り上げました。

第五の問い　シャープの非暴力行動論をどう評価できるでしょうか

ここからは、シャープの非暴力行動論の価値を検証しましょう。次の図三をご覧ください。彼の理論がその効力を発揮できるのは、二項対立の転換・持続可能なアプローチ・理にかなった対応の三つの機会を生みだし、性急ではない着実な課題解決を導くからです。

シャープは、民衆が一九八の非暴力行動の手法を駆使して独裁支配から自分たちを解放することだけを目指していたのではありませんでした。彼の非暴力行動論を理解するうえで、ここがもっとも重要なところです。非暴力闘争の成功とは、単に独裁政権を倒すことだけではあり

図三　ジーン・シャープの非暴力行動論の効力

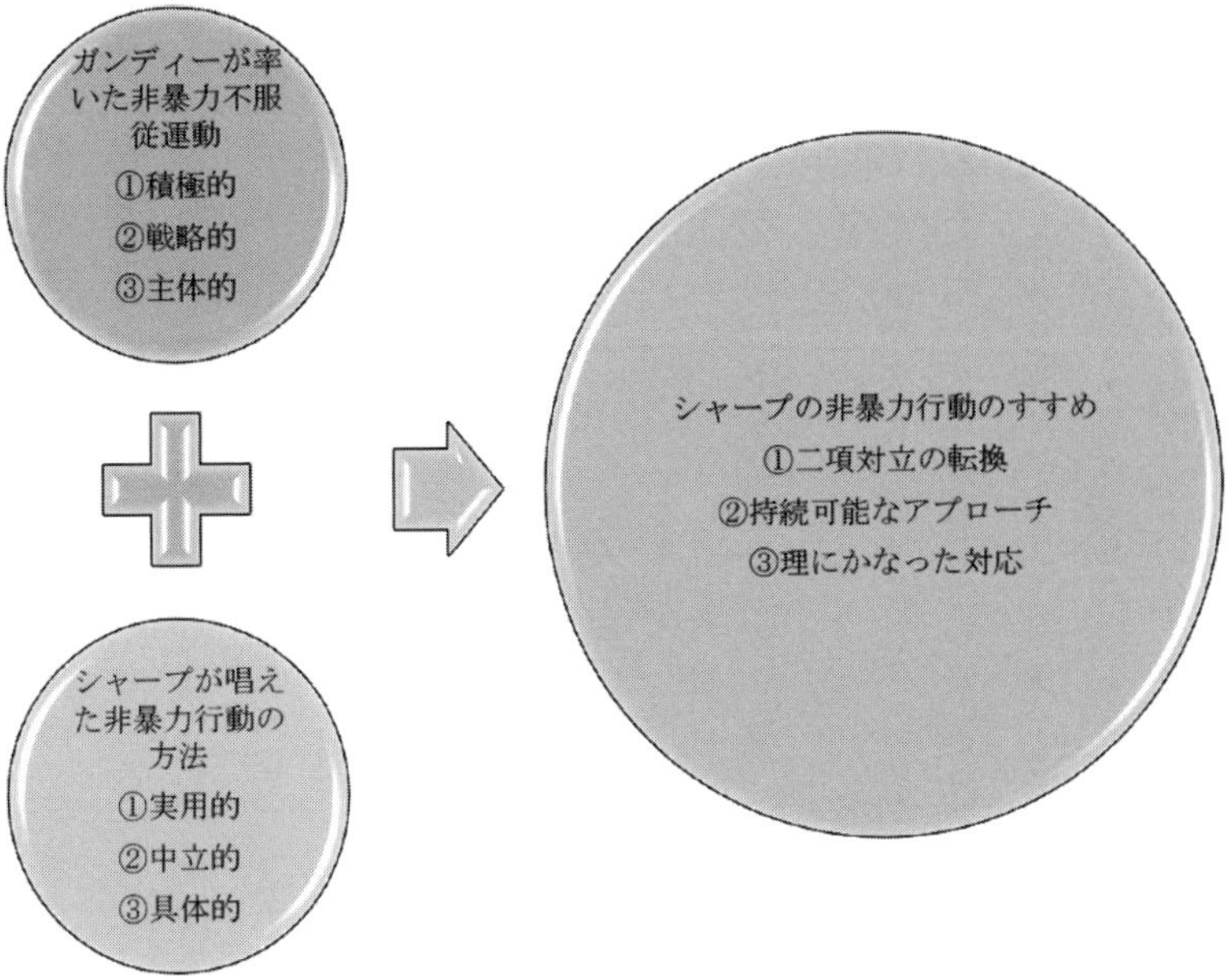

出典：筆者作成

ません。[*20] ほんとうの意味での成功は、独裁政権を打倒した後に、自由で公正な社会のシステムを構築し、維持していくことです。非暴力闘争の計画・実行・評価のすべての過程は、人々が敵と味方といった二分する対立関係を乗り越えながら、長期的展望にたってじっくりと問題解決にあたり、合理的な対策を講じる経験を養う場であると彼は考えていました。

シャープの非暴力行動論がどのように役立つかを見極めていく前に、少し立ち止まって、明確にしておくべきことがあります。それは無防備で暴力の犠牲になることをシャープはけっして推奨してはいないという点です。支配者が向ける銃弾にひるまず、丸腰で進み出ていくことが民衆の非暴力行動だとは彼はひとことも言っていません。

残念ながら、非暴力行動で死傷者が生じるケースはあります。先ほどセルビア・モンテネグロ、アメリカ、フィリピンでの非暴力行動の事例を紹介しました。成功と見なされているそうした事例でさえ、死傷者はゼロではありませんでした。鎮圧の暴力を受けた参加者がいたのです。民衆が非暴力で支配者に抵抗するのはよいとしても、その最中に支配者側が民衆を鎮圧しようと無差別に銃を発砲しだしたら、参加者はどうすればよいのでしょうか。逃げきれなかったら死ぬしかないのでしょうか。それとも、自分たちに危険が及ぶときに限っては正当防衛として暴力もいたしかたないのでしょうか。非暴力行動について考えるとき、この切実な問いから目を背けることはできません。シャープは本書一二八～一二九ページで感情を交えずに次のようにその問いに答えています。

残虐行為を受けて、抵抗者が相手に挑戦するのをやめたり、相手に暴力をふるったりという対応をしてしまうと、どちらの場合も非暴力闘争に深刻なマイナス影響を与える可能性がある。非暴力闘争の効力を発揮しようとするなら、抵抗者は残虐行為や苦痛を耐え忍ばなければならない。その中で、恐れを知らぬ心を持ち続け、闘争戦略の核となる非暴力の原則を維持し、自分たちの意志を毅然と貫くことが求められる。いくら残虐行為を加えようとも非暴力運動を打ち破ることはできないと抵抗者が相手に証明してみせるには、ある程度の時間と相当な苦難という犠牲が必要だろう。

シャープは、あくまで非暴力を貫くよう民衆に訴えています。ここだけを読めば、多少の犠牲者を出してもかまわないのかと、彼を責めたくなります。けれども、それはあまりにせっかちで極端な判断かもしれません。今一度、この記述の根底に読み取っておかねばならないのは、彼の非暴力闘争のすすめは人間の暴力に対抗するのではなく社会構造の暴力に対抗する手段だということです。

冒頭で確認したように、彼の非暴力行動の理論は非暴力行動が万能薬ではないという前提にたっています。非暴力行動はつねに危険と隣り合わせであることを十分に理解し、その現実を引き受けたうえで、リスクを最小限に抑える戦略を練ることの重要性を彼は説きました。したがって、シャープの理論にのっとるならば、自ら命を落としに行くような無謀な戦略、残虐な鎮圧を受けることを予測できていない戦略はそもそもまずいのです。考えられうる限りの危機的な事態をあらかじめ想定して、どのタイミングで撤退や退散をはかるかも、入念に行動計画に組み入れておくというのが彼の非暴力行動論の鉄則です。上記の彼の発言は丹念に練られるべき戦略をふまえてのものです。

しかし、民衆がいかに入念に戦略を立て慎重に行動をしていても、想定を超えたところで残忍な暴力を被り、犠牲者を出してしまうことは当然あります。そのように痛ましい場面でも、いいえ、そのように痛ましい場面だからこそ、民衆は非暴力を暴力に切り換えてはならない、非暴力で踏みとどまらなければならないとシャープは言い切りました。それが先の問いに対する彼の回答です。

なぜなら、民衆が非暴力を暴力に切り換えるということは、民衆が支配者に屈服することだからです。それは民衆がふたたび支配者に協力を表明する証になってしまいます。相手を制するにはやはり暴力しかないと民衆が拳を挙げてしまうと、それまでずっと拳で民衆を押さえつけてきた支配者のやり方はやはり正しかったのだと、支配者にあらためて証明してみせることになるのです。そうなると、民衆は支配者への協力を断つどころか、再び支配者に協力する側、支持する側に自分たちを置き戻すことになり、すでに説明した非暴力行動の最大の効果を手放してしまうことになります。

暴力に非暴力で立ち向かえとシャープが言うとき、それは支配体制に横たわっている不当で不正な社会構造が生み出す暴力に非暴力の方法で抗えという意味でした。繰り返すように、彼の非暴力行動論は人に対する攻撃ではなく、システムに対する攻撃のための戦略です。この点を見失うと、シャープの理論の一部だけを切り取って批判することに終始しかねません。少々前置きが長くなりましたが、こうしたことをふまえて、シャープの非暴力行動論に妥当な評価を与えたいと思います。

第一に、シャープの非暴力行動論は二項対立を課題解決のチャンスに転換することを可能にしてくれます。それは彼がウゴ・チャベス大統領をはじめ支配者側の人間にも自分の作成した非暴力闘争の案内書を開示していたことにはっきりと表れています。

アルベルト・アインシュタイン研究所のホームページ上で自らの著作を公開し、誰でも無料で入手可能にしている時点で、彼の理論は支配者に抵抗を試みる民衆のためだけの秘伝ではなくなります。当然、支配者陣営の人間も簡単にそれを入手できます。そのように民衆の作戦の手の内が支配者側に把握されてしまっては元も子もなさそうです。支配者側もシャープの理論を研究し尽くし、裏をかいて民衆の抵抗を徹底的に押さえこみ、多数の犠牲者を出す危険があります。けれども、変革の絶好の機会がそのリスクと隣り合わせであるのもまた事実です。民衆側・支配者側の双方に開かれた手引きだからこそ、もともとは支配者寄りだった人間をその支配者に対抗する民衆寄りへと方向転換する余地も生まれます。シャープは抜け目なくその余地を用意していたのです。そこに手を差し伸べていたのです。

何度も強調したいのは、シャープが提唱する非暴力行動の戦略の最大の目的です。それは支配者の権力のバランスを崩すことでした。そのためには、民衆だけが支配者に対抗するよりも、支配者の陣営からもすすんで立場を変える人を増やし、支配者陣営の内部のバランスを崩すのはたいへん効率がよいのです。その点に関して、本書の一六三ページでシャープは次のように言っています。

非暴力行動者が目指すのは、単に支配者に従属させられた人たちを解放することだけではない。非暴力行動に立ちあがった人々は、立場を変更するよう相手方に働きかけることもできる。つまり、自分たちの体制や政策にがんじがらめにされていると思われる相手を解放することも、非暴力行動の目的なのである。

支配者側の人々にも自分たちがからめとられている権力の仕組みを突きつけることは、かなり有効です。そうした人々がその理不尽さを自覚し、支配者への協力を思いとどまることになれば、支配体制はいっそう不安定になるからです。その人たちがそれまでの立場を放棄して民衆の側にまわることで、権力者は最大の頼みの綱を失います。すると、支配者は大打撃を受け、権力のバランスが崩れてその揺らぎが加速し、民衆の非暴力運動は一気に勢いを増していきます。

何より、どのような社会の課題であっても、ある一方の勢力だけではとうてい解決できません。シャープが設定した非暴力闘争の究極のゴールは、相対する勢力がやがて対立関係を信頼関係に変えていく中で、ともに課題解決にあたっていくことでした。敵対勢力にも手を差しのべたのはそのための重要な足がかりと言えます。このように相手を巻き込みながら対立を協調へと建設的に転じていくきっかけを作ったところが、彼の非暴力行動のすすめの奥行きです。

第二に、シャープの非暴力行動論は持続可能な民主的社会の実現を目指すことを可能にしてくれます。シャープの理論は、民衆が非暴力闘争によって独裁者を権力の座から引きずりおろすという一度きりの成功をもたらすためのものではありません。

独裁政権を実際に打倒するまではよくても、その先の社会づくりをめぐって政治的混乱が生じ、どさくさに紛れて新たな権力争いが勃発したケースは、残念ながら、後を絶ちません。独裁者が失脚した後、新たな権力の椅子取りをめぐってかえって激しい暴動が起き、社会が転覆をくり返すという事例は世界中で数えきれません。シャープが過去の非暴力行動の実例を徹底的に調べあげて解明したのは、そうした最悪のシナリオの多くは、独裁政権を一気に切り崩すことだけを目標にしていたために引き起こされたということでした。彼が非暴力行動論を構築するにあたって何より肝心だと心得ていたのは、非暴力行動によって独裁政権を打倒したその後の民衆の行動でした。彼の理論は独裁政権が崩壊したその後も、さらに言えばその後にこそ、民衆が自由や民主的な手続きに対する意識をますます高めてアクションを起こしていけるよう導くものでした。

だからこそ、シャープは非暴力闘争のすべてのプロセスを重視しました。それは闘争を立ち上げ、仲間を動員し、戦略を練り、難局を乗り越え、計画の修正を重ねるという一連の過程です。その中で、民衆が自分と他者の尊厳を認め、自由で民主的な社会をともに作りあげていく根本的な力を鍛えていけるように手引きをしました。民主的な社会とは、権力者がいない社会ではありません。権力を握る者に自由にものが言える社会です。権力者のことが気に食わなければそうだと言える社会です。人々が権力者に否をつきつける力を養うことに、シャープは最終的な照準を合わせていました。

そうだったとしても、その日の暮らしに追われる人々が多い中、正義を勝ち取るといった高尚な目的のために立ちあがることのできる人がどれだけいるかといった疑いはつきものです。たしかに、正義ではお腹を満たすことができません。たとえば、労働者がストライキという非暴力行動を通して不当な経営者陣に声をあげて抵抗するには、ある程度の経済的な余裕が必要でしょう。その日の食い扶持を得るだけでぎりぎりだという人々はストライキなどやっていられないのが実情です。ストライキで労働を放棄すれば、その日の賃金はもらえず、夕食にはありつけないからです。なるほど、一日のスパンで見れば非暴力運動などに参加している場合ではないでしょう。しかし、その繰り返しが権力構造を長きにわたって維持し続けるのです。自らが置かれた状況を長期的な視野から冷静に眺め、自らをその抑圧の構造から解き放ち、自らの手で自由を獲得する中で、人々は自分で自分を頼れるようになり、自信を取り戻せるとシャープは考えました。彼は本書一一〇ページにそのあたりのことをしっかりと書き込んでいます。非暴力行動に参加し従属の立場から脱しようとする過程で、人々は自尊心を向上させることができると言います。支配者から自由になろうとする非暴力行動のプロセスで培われる個々人の自己認識や行動の変化は、独裁政権打倒後の社会づくりにこそ活かされるはずです。

人の自由度は支配者が規定するものではありません。[*21] 人は自由を生み出そうと試行錯誤する中で、ようやく自由を手に入れることができます。誰かの主義、どこかの組織の主義に従うのではなく、自分で考えて、自分で選択したことを表現するのが非暴力行動です。そのようにして個人が自らに働きかけて獲得した自由は、長きにわたって適切に維持されるに違いありません。シャープの非暴力行動論は個々人が自らの内側から自由で民主的な社会を築いていくという長期的なビジョンから打ち立てられたものです。

第三に、シャープの非暴力行動論は、理にかなった対応策にのっとって着実に課題を解決することを可能にしてくれます。彼の非暴力行動の手ほどきは、どれもいたって合理的です。彼は自由・公正・平和といった理想を決して語らず、それを別の形で差し出しました。

本書を読んでお気づきのとおり、字面だけ追えば、シャープの非暴力行動の案内はかなり素っ気ないものです。非暴力行動の方法が実践に即して淡々と記述されているだけです。かけがえのない平和を望むといった記述は彼の著作には一切なく、温かみがまるで感じられません。しかし、そのように無味乾燥な彼の著作を見て、彼は民衆が非暴力闘争で主導権を握るまでの駆け引きに関心を寄せているだけだと決めてかかるのは、あまりに軽率な見方ではないでしょうか。人々の道徳的心情に直に訴えかけるだけでは達成できないことがあります。その限界を克服するために、彼は指南書のパッケージの仕方を変えたのです。平和という実利を獲得するために合理的な手立てを示して人を動かそうとしました。

非暴力闘争とは信条を示すことではなく行動を示すことであるというのが、シャープがもっとも大事に守りぬいた流儀です。[*22] いくらあたたかな眼差しで平和の哲学を説いても、それを実現する策を提示しなければ目の前の問題を解決することはできません。その策の最たるものが、一九八の非暴力行動の手法のリストです。このリストからは平和の温もりは伝わってきません。ですが、これを行動に移すことが温もりを生むのです。その意味では、このリストは平和の理念に根ざしていないどころか、平和の理念を深く追求する彼なりのイノベーションだったと言ってよいでしょう。

シャープは本書九〇ページで「道徳的に正しい行いをしようと理念だけ掲げるのは、戦略としてまったく話にならない。」と言い切っています。彼の非暴力行動の戦略はつねに道徳的かどうかではなく実践的かどうかという判断にのっとって組み立てられました。それは道徳をないがしろにしているのではありません。彼はその道徳の示しかたを工夫したのです。現場に即した明瞭で一貫した方法を呈することで、平和の美徳を伝えているのです。彼の非暴力行動のすすめは民衆の感情にではなく知性に訴えるものでした。理念だけに頼る反戦運動・平和運動に発想の転換を迫るところがシャープの非暴力行動の理論の真骨頂です。

まさしく、シャープの非暴力行動論の真価は、独裁者を失脚させた後も自由で民主的な社会を持続させる民衆の実力を養うことを見据えた理論だという点につきます。敵陣営を巻き込みながら堅実な課題解決に取り組む経験そのものが、建設的かつ効果的に平和を実現することにつながると彼は見通していました。プロセス自体が目的だというわけです。

第六の問い　シャープの非暴力行動論は何を問いかけているでしょうか

最後に、シャープの非暴力行動論の核心に迫りましょう。民衆ひとりひとりの力がもっとも強力な武器になると彼は説きました。一見取るに足らないような民衆の力が支配者を追い詰めるまでの脅威になりえます。その原動力は、人々が自分を変えようとする力です。

こうしてみると、シャープの非暴力行動のすすめを支える重低音は、自分を変える力が自らに備わっていることをまず覚知しようという民衆への呼びかけの声です。

シャープが本書一八一ページで言及している社会哲学者リチャード・グレッグによると、ガンディーが非暴力という造語のもとにしたアヒンサーというヒンディー語の本来の意味は、人と人とがひとつだと思いながらともに生きることです。[*23] これが究極の意味での非暴力の実践ではないでしょうか。シャープの非暴力行動論が指南するのは、そのように自分と他者にともに授けられている自由や正義を守るために自ら積極的に立ち上がり、暴力を使わずに淡々と支配のシステムを切り崩していく戦略でした。

シャープの非暴力行動論が教えてくれるのは、自分を変える力こそが、やがて相手を変える力、さらには社会を変える力の駆動力になるということです。自由や正義を手にするために、保持するために自ら働きかける責任を彼は問いました。人任せに自由や正義を与えてもらう、維持してもらうのを待つのではないと、意識改革を迫っています。

ここまで六つの問いを手がかりに、大きな問いの答えを探求してきました。時と場所を選ばず、シャープの非暴力行動論に親しむべきなのはなぜでしょうか。

シャープの非暴力行動のすすめは非暴力という武器を手に暴力的な支配構造に抗う闘争戦略でした。それは民衆が支配者への協力を断ち切る行動に出ることで、支配者の権力構造を切り崩すための武器の使いかたを指南するものです。その戦闘過程で民衆が自分自身を変革しながら、やがては相手を変革し、世界を変革していくことを可能にしてくれるという点で、この武器は最強だと言えるでしょう。

私がシャープの非暴力行動論を紐解く理由は、自らの生活に対して責任を持ち、己と他者の間の自由で公正な関係を、誰でもない自分自身が主導権を握って獲得していく意味を確認するためです。これは私自身の答えにすぎません。読者のみなさんはどのような答えを見つけられたでしょうか。

注

(1) この解説は以下の拙論に大幅に加筆・修正をほどこしたものです。谷口真紀「ジーン・シャープの非暴力行動論」『人間文化』第四十一号、二〇一六年、八〜一五ページを参照ください。

(2) Gene, Sharp. *From Dictatorship to Democracy.* London: Serpent's Tail, 2012, xiii.

(3) 前掲書(2) p. xiii.
(4) 前掲書(2) pp. xiii-xiv.
(5) 前掲書(2) p. xiv.
(6) 当時ビルマ国内では、シャープの非暴力行動論はほとんど知られていませんでした。アウンサンスーチーが非暴力主義にのっとった民主化運動を実際に率いていた経緯があるからです。詳しくは以下を参照ください。根本敬『アウンサンスーチーのビルマ――民主化と国民和解への道』岩波書店、二〇一五年、一五〇～一五二ページ。
(7) Gene, Sharp. *Gandhi Wields the Weapon of Moral Power.* Ahmedabad: The Navajivan Trust, 1960.
(8) G・シャープ(著)小松茂夫(訳)『武器なき民衆の抵抗――その戦略的アプローチ』れんが書房、一九七二年、二二八ページ。
(9) G・シャープ『武器なき民衆の抵抗――その戦略的アプローチ』れんが書房、小松茂夫・訳、一九七二年。
(10) ジーン・シャープ『独裁体制から民主主義へ――権力に対抗するための教科書』筑摩書房、瀧口範子・訳、二〇一二年。
(11) ジーン・シャープ『市民力による防衛――軍事力に頼らない社会へ』法政大学出版局、三石善吉・訳、二〇一六年。
(12) 新たな非暴力行動の手法が生まれ次第、一九八の手法に順次追加したいと、シャープは生前に話していました。本書四八頁でも今後も追加の余地があると述べています。ソーシャル・ネットワーキング・サービス(SNS)の世界的な利用者増加を受けて、近年多くの人々がツイッターデモをはじめとするSNS上でのオンラインデモに参加しています。オンラインデモとはハッシュタグ(#)をつけて写真やメッセージをSNS上に投稿することで、不当な体制に自分たちの抵抗姿勢を示すことです。その成果については弊害や課題をふまえて今後さらに検証していく必要がありますが、少なくとも、オンラインデモを非暴力行動の手法に加えてよいのではないかというのが訳者の見解です。

(13) Gandhi, Mohandas, Karamchand. *Non-violence in Peace and War Vol.I.* Ahmedabad: Navajivan Publishing House, 1948, 121.

(14) 前掲書(13) p.7.

(15) 前掲書(13) p.39.

(16) Ruaridh, Arrow. *How to Start a Revolution.* Massachusetts: The Media Education Foundation, 2011.

(17) 前掲書(2) p. xiv.

(18) Gene, Sharp & Bruce, Jenkins. *The Anti-Coup.* Massachusetts: The Albert Einstein Institution, 2003.

(19) Stephen, Zunes. "Sharp Attack Unwarranted." Foreign Policy in Focus. 2008. Web. 14 Sep. 2016. <http://fpif.org/sharp_attack_unwarranted/>.

(20) Gene, Sharp. *Waging Nonviolent Struggle: 20th Century Practice and 21st Century Potential.* Michigan: Extending Horizons Books, 2005, 436.

(21) Gene, Sharp. *Civilian-based Defense: A Post-military Weapons System.* New Jersey: Princeton University Press, 1990, 32.

(22) 前掲書(20) p.19.

(23) Richard, B. Gregg. *The Power of Non-Violence.* Texas: Pierides Press, 2007, 170.

解説の参考文献

谷口真紀「ジーン・シャープの非暴力行動論」『人間文化』第四一号、二〇一六年、八〜一五ページ。

G・シャープ『武器なき民衆の抵抗――その戦略的アプローチ』れんが書房、小松茂夫・訳、一九七二年。

ジーン・シャープ『独裁体制から民主主義へ――権力に対抗するための教科書』筑摩書房、瀧口範子・訳、二〇一二年。

ジーン・シャープ『市民力による防衛――軍事力に頼らない社会へ』法政大学出版局、三石善吉・訳、二〇一六年。
根本敬『アウンサンスーチーのビルマ――民主化と国民和解への道』岩波書店、二〇一五年。
Arrow, Ruaridh. *How to Start a Revolution*. Massachusetts: The Media Education Foundation, 2011.
Karamchand, Mohandas, Gandhi. *Non-violence in Peace and War Vol.I*. Ahmedabad: Navajivan Publishing House, 1948.
Gregg, B., Richard. *The Power of Non-Violence*. Texas: Pierides Press, 2007.
Sharp, Gene & Jenkins, Bruce. *The Anti-Coup*. Massachusetts: The Albert Einstein Institution, 2003.
Sharp, Gene. *Gandhi Wields the Weapon of Moral Power*. Ahmedabad: The Navajivan Trust, 1960.
Sharp, Gene. *Civilian-based Defense: A Post-military Weapons System*. New Jersey: Princeton University Press, 1990.
Sharp, Gene. *Waging Nonviolent Struggle: 20th Century Practice and 21st Century Potential*. Michigan: Extending Horizons Books, 2005.
Sharp, Gene. *From Dictatorship to Democracy*. London: Serpent's Tail, 2012.
Zunes, Stephen. "Sharp Attack Unwarranted." Foreign Policy in Focus. 2008. Web. 14 Sep. 2016. <http://fpif.org/sharp_attack_unwarranted/>.

訳者あとがき

読者のみなさま、ここまで読んでくださりありがとうございました。そして、この本の製作に力添えをくださったみなさま、貴重な機会を与えていただき感謝申しあげます。

私が最初に手にしたジーン・シャープの本は *"From Dictatorship to Democracy"*（『独裁体制から民主主義へ』）でした。二〇一四年のことです。独裁者に協力する人がいるから独裁者がのさばるのだというページを開いたまま、しばらく呆然としていました。ただ、それはシャープの非暴力行動の理論を頭でだけでなく腹で理解した瞬間でもありました。

私は独裁者のように家族をコントロールする父のもとで育ちました。身体的暴力だけでなく精神的暴力も受けました。母は常に父の顔色や意向をうかがう忠実な側近のようでした。私は二人の指示に従ってきました。自分は被害者だとずっと思ってきましたが、シャープの本のその箇所を読んだとき、父の独裁を許してきたのは私自身だったのだと初めて気がつきました。私がびくびく追従してきたから、父は強権を維持できたのだと。私は独裁体制の協力者だったのです。

そこから実際に非暴力行動に出るにはずいぶん時間がかかってしまいました。かなりの勇気が必要でした。今もちょっと怖いです。でも、こうして、シャープがまとめた非暴力行動の一九八の戦術一覧の九番目をようやく実践するに至りました。私は言葉を武器に立ち上がりました。この文章は、父の独裁体制を切り崩すため、父への協力を断つ第一歩です。これからも私の非暴力行動は続くし、むしろ、ここからが正念場でしょう。

私にとって、シャープの非暴力行動論は国や地域レベルだけでなく、個人レベルでも大事な理論になりました。抑圧的な権力構造の仕組みを知り、暴力を使わず、個人にではなくそのシステムに攻撃を仕掛ける戦略を考えることは、学校・職場・家族のなかの小さな独裁者の権力を削ぐ行動にも結びつくはずです。そうなれば、身近にある不当な権力構造との闘いを通して、世界の他の地域の不当な権力構造との闘いをとらえることもできます。ビルマ（ミャンマー）でクーデターが起こってから一年が経過しました。ビルマの人たちの権力との闘争は、私たちの身近な権力との闘争とつながっています。私も双方の次元を行ったり来たりしながら、平和を築く道具として、非暴力行動という戦術を磨いていくつもりです。

二〇二二年一月二八日　奇しくもジーン・シャープの命日に

谷口真紀

albert einstein institution
advancing freedom with nonviolent action

198通りの非暴力行動の戦術一覧

経済的協力を拒むストライキの戦法

象徴的ストライキ
97 抗議の意を表してストライキをする
98 急ごしらえでストライキをする

農業ストライキ
99 農家がストライキを起こす
100 農場労働者がストライキを起こす

特殊集団のストライキ
101 押し付けの労働を拒絶する
102 収監者がストライキを行う
103 工芸家がストライキを行う
104 専門家がストライキを行う

産業ストライキ
105 施設ストライキを実施する
106 産業ストライキを実施する
107 労働者の要求を支持してストライキを実施する

限定的ストライキ
108 分割してストライキを起こす
109 工場ストライキを数珠つなぎにする
110 怠業ストライキをする
111 法定規則通りに働き生産速度を遅らせる
112 「病欠」と称して仕事を休む
113 労働者が辞職する
114 限定的にストライキを行う
115 業務を選んでストライキする

多業種間のストライキ
116 広範なストライキを行う
117 全国一斉のゼネストを行う

ストライキと経済封鎖の組み合わせ
118 同盟罷業「ハルタル」を実行する
119 経済封鎖をする

政治的協力を拒む戦法

権威の否認
120 忠誠心を保留する／捨てる
121 公に支持を拒む
122 書物・演説で抵抗の立場を唱える

市民が政府に突き付ける協力拒否
123 議会をボイコットする
124 選挙をボイコットする
125 国家公務員としての雇用・地位を拒否する
126 行政府・機関・団体が業務をボイコットする
127 国家教育機関を退く
128 政府系組織が業務をボイコットする
129 執行機関への支援を拒む
130 特定の看板・案内版を撤去する
131 役人の指名を認めない
132 既存機関の解散を退ける

服従に代わる市民の選択肢
133 故意に時間をかけて仕方なしに従う
134 直々の監督を不在にして服従を阻止する
135 服従から逃れる
136 追従を装って服従を避ける
137 集会／会合の解散を拒む
138 座り込みで要求を示す
139 兵役・国外退去の命令に背く
140 身を隠し逃亡し身分を偽る
141 「公正ではない」法律に従わない

役人の行動
142 政府系の助成支援の受け取りを拒否する
143 指揮系統・情報網を阻止する
144 業務を行き詰らせ妨害する
145 一般事務職員が協力を拒む
146 裁判官が裁判への協力を断る
147 執行機関がわざと非効率に業務をし協力しない
148 上官に反逆する

国内政府の行動
149 法律に相当することがらを守らず後回しにする
150 政府内の部署が協力を拒む

海外政府の行動
151 外交官・他の代表を変える
152 外交に関するイベントを延期・中止する
153 外交上の承認を保留する
154 外交関係を断つ
155 国際機関から脱退する
156 国際団体への加入を拒む
157 国際組織から追放する

事態に介入する戦法

心理的介入
158 自らを風雨にさらす
159 断食をする
160 被告人が「検察官」の立場になり逆裁判を行う
161 嫌がらせをする

物理的介入
162 座り続ける
163 立ちはだかり続ける
164 降りずに乗車を続ける
165 歩き続ける
166 移動し続ける
167 祈り続ける
168 侵入する
169 空から冊子／食べ物をばら撒く
170 暴力を使わず侵略する
171 身体を差し挟む
172 暴力を用いないで妨害する
173 暴力なしに占領する

社会的介入
174 新たな社会規範を作る
175 施設を積荷でいっぱいにする
176 牛歩をする
177 話続ける
178 ゲリラ的に劇を始める
179 代替の社会機関を創設する
180 代替のコミュニケーションの仕組みを築く

経済的介入
181 過剰に働いて逆ストライキをする
182 職場を占拠する
183 土地を差し押さえる
184 封鎖に抗う
185 政治的な意図で偽造をする
186 決まった購入先を排除する
187 財産を没収する
188 所有物を処分する
189 特定の人に利益供与を行う
190 代替の市場を設ける
191 代替の交通システムを組織する
192 代替の経済機関を創設する

政治的介入
193 事務体制に過重な負担をかける
194 秘密組織の構成員の身元を暴く
195 投獄を希望する
196 不当でありながら「無害」を装う法律に背く
197 体制からの命令を無視して働き続ける
198 別の統治権や統治機構を打ち立てる

albert einstein institution
advancing freedom with nonviolent action

198通りの非暴力行動の戦術一覧

抗議・説得の戦法

公式声明

1 公式演説を行う
2 異議・賛同の手紙を書く
3 組織・機関を通じて布告する
4 公式声明に署名する
5 非難・意向を表明する
6 集団／大多数で嘆願する

大勢の人への発信

7 スローガン・風刺・シンボルマークを作成する
8 垂れ幕・ポスター・情報表示を設置する
9 冊子・パンフレット・本を著す
10 新聞・雑誌に投稿する
11 レコード・ラジオ・TV・ビデオで発表する
12 空中文字・地上絵を描く

集団での発表

13 代表団を結成する
14 偽の賞を創設する
15 集団で陳情を行う
16 見張りを置いて監視する
17 模擬選挙を実施する

公衆に向けた象徴的行為

18 旗・象徴的な色を提示する
19 シンボル・アイテムを着用する
20 祈祷・礼拝を行う
21 象徴的なオブジェを届ける
22 抗議の意を込めて服を脱ぐ
23 自らの所有物を破壊する
24 象徴的にライトアップをする
25 肖像画を展示する
26 抗議を込めて色を塗る
27 サインや名前／象徴的名称を新たにする
28 象徴的な音をたてる
29 象徴的に場所を埋め立てる
30 失礼なジェスチャーをする

個人への圧力

31 役人に「つきまとう」
32 役人をなじる
33 狙いを定めて相手方を仲間に入れる
34 徹夜で祈る

演劇と音楽

35 ユーモアに富む寸劇・いたずらを行う
36 演劇・音楽を上演する
37 歌う

行列

38 行進する
39 パレードを行う
40 宗教的行列を組む
41 巡礼をする
42 自動車でパレードをする

死者の弔い

43 哀悼の意に政治的メッセージを込める
44 偽の葬式をする
45 葬儀を通して訴えかける
46 墓地にお参りする

市民集会

47 対抗／支持を示す集会を開く
48 抗議集会を開催する
49 偽装の抗議集会を催す
50 討論集会を行う

撤退と放棄

51 退場する
52 沈黙を貫く
53 勲章を放棄する
54 背を向け無視をする

社会的協力を拒む戦法

つまはじき

55 社会参加を拒む
56 特定の機会に社会参加を断る
57 性生活を拒否する
58 宗派を破門する
59 宗教的職務を停止させる

社会行事・慣習・組織への協力拒否

60 社会活動・スポーツ活動を一時取りやめる
61 親睦会への参加を拒否する
62 授業への出席を拒む
63 社会規範を無視する
64 社会的機関から脱退する

社会システムからの離脱

65 自宅に引きこもる
66 社会生活を完全に拒絶する
67 労働から「逃走」する
68 保護区を求める
69 集団で失踪する
70 抗議の意を込めて移住する

経済的協力を拒むボイコットの戦法

消費者の行動

71 特定の商品／サービスを拒む
72 購入済みの商品の消費を差し控える
73 禁欲生活をする
74 賃貸料の支払いを保留する
75 賃貸料の支払いを拒否する
76 国内規模でボイコットをする
77 世界規模でボイコットをする

労働者・生産者の行動

78 労働者がボイコットをする
79 生産者がボイコットをする

中間業者の行動

80 仕入れ・取り扱いのボイコットをする

所有者・経営者の行動

81 取引業者がボイコットをする
82 不動産の賃貸／売却を拒否する
83 工場を閉鎖する
84 産業支援を断る
85 卸売業者の一斉ストライキ「ゼネスト」を行う

金融資産保有者の行動

86 銀行預金を引き出す
87 代金・手数料・査定金額の支払いを断る
88 債務／利息の支払いを拒否する
89 投資ファンド・預金を取りやめる
90 納税を拒む
91 政府資金を受け取らない

政府の行動

92 国内で通商を禁止する
93 貿易業者をブラックリストに載せる
94 国際的に販売取引を禁じる
95 国際的に購買取引を禁じる
96 国際的に貿易を禁じる

●著者プロフィール

ジーン・シャープ（Gene Sharp）

1928 ～ 2018 年。アメリカ合衆国を拠点に活動した政治学者。晩年はアルベルト・アインシュタイン研究所の主任研究員として、非暴力闘争の調査・政策提言・教育に力を尽くした。『独裁体勢から民主主義へ』をはじめとする著作は 45 を超える言語に翻訳出版されている。

●訳者プロフィール

谷口真紀（たにぐち・まき）

1975 年生まれ。関西学院大学建築学部准教授。専門は平和構築学・言語コミュニケーション文化学で、無形の建造物である人間文化の架け橋を築いた人物を研究している。著書に『太平洋の航海者——新渡戸稲造の信仰と実践』（関西学院大学出版会）などがある。

非暴力《ひぼうりょく》を実践《じっせん》するために——権力《けんりょく》と闘《たたか》う戦略《せんりゃく》

（関西学院大学研究叢書　第 241 編）

2022年 3 月26日　初版第一刷
2022年 6 月11日　初版第二刷

著　者　ジーン・シャープ
訳　者　谷口真紀 ©2022
発行者　河野和憲
発行所　株式会社 彩流社
〒101-0051　東京都千代田区神田神保町3-10　大行ビル 6 階
電話　03-3234-5931
FAX　03-3234-5932
http://www.sairyusha.co.jp/

編　集　出口綾子
装　丁　黒瀬章夫（ナカグログラフ）
印　刷　モリモト印刷株式会社
製　本　株式会社難波製本

Printed in Japan　ISBN978-4-7791-2799-1　C0036
定価はカバーに表示してあります。乱丁・落丁本はお取り替えいたします。